ΤΟ ΒΙΒΛΙΟ ΜΑΓΕΙΡΙΚΗΣ ΤΟΥ ΕΡΑΣΤΗ ΤΟΥ ΚΟΚΚΙΝΟΥ ΒΕΛΟΥΔΟΥ

100 ΜΑΓΕΥΤΙΚΕΣ ΣΥΝΤΑΓΕΣ ΕΜΠΝΕΥΣΜΕΝΕΣ ΑΠΟ ΤΟ ΚΛΑΣΙΚΟ ΚΟΚΚΙΝΟ ΒΕΛΟΥΔΟ ΚΕΙΚ

Αικατερίνη Κωστή

Πνευματικά δικαιώματα ©2023

Όλα τα δικαιώματα διατηρούνται

Κανένα μέρος αυτού του βιβλίου δεν επιτρέπεται να χρησιμοποιηθεί ή να μεταδοθεί σε οποιαδήποτε μορφή ή με οποιοδήποτε μέσο χωρίς την κατάλληλη γραπτή συγκατάθεση του εκδότη και του κατόχου των πνευματικών δικαιωμάτων, εκτός από σύντομες αναφορές που χρησιμοποιούνται σε μια κριτική. Αυτό το βιβλίο δεν πρέπει να θεωρείται υποκατάστατο ιατρικών, νομικών ή άλλων επαγγελματικών συμβουλών.

ΠΙΝΑΚΑΣ ΠΕΡΙΕΧΟΜΕΝΩΝ

ΠΙΝΑΚΑΣ ΠΕΡΙΕΧΟΜΕΝΩΝ 3
ΕΙΣΑΓΩΓΗ 7
ΠΡΩΙΝΟ ΓΕΥΜΑ 8
   1. Red velvet pancakes με Kefir Topping................................ 9
   2. Red Velvet Smoothie Bowls... 12
   3. Κρέπες Red Velvet με γέμιση κρέμα τυριού 14
   4. Ρολά κανέλας Red Velvet 17
   5. Red Velvet Baked Donuts 20
   6. Red Velvet Puffed Pancake 23
   7. Red Velvet Cheesy Waffle 26
   8. Red Velvet French Toast 28
   9. Red Velvet Hot Chocolate 30
   10. Ψωμί μπανάνας Red Velvet 32
   11. Red Velvet Mochi Waffle 34
   12. Red Velvet Hot Peppermint Chocolate 36
   13. Red velvet πλιγούρι βρώμης 38
   14. κόκκινο βελούδοβατόμουρο και γάλα αμυγδάλου 40
   15. Red velvet Pickled Eggs 42
   16. Red velvet latkes 44
   17. Red velvet Hash 46
   18. Red velvet Breakfast Pizza 48
ΟΡΕΚΤΙΚΑ ΚΑΙ ΣΝΑΚ 50
   19. Red Velvet Bombs 51
   20. Μπάρες κολοκύθας Red Velvet 53
   21. Red Velvet Fudge Protein Bars 55
   22. Red Velvet Puppy Chow 57

23. Red Velvet Party Mix 60
24. Red Velvet Cake Balls 62
25. Red Velvet Trifle Cups 65
26. Red Velvet Cheese Ball 67
27. Red Velvet Cheesecake Brownie Bites 69
28. Ποπ κορν Red Velvet 72
29. Red Velvet Rice Krispies 74
30. Red velvet Chips 76
31. Παντζάρια άνηθο & σκόρδο 78
32. Red velvet ορεκτική σαλάτα 80
33. Βάρκες από παντζάρια 83
34. Τηγανίτες κόκκινο βελούδο 85

ΚΥΡΙΟ ΠΙΑΤΟ 87

35. Red Velvet Soup 88
36. Red velvet σαλάτα με παντζάρι και μοτσαρέλα 90
37. Red Velvet Chicken Fingers 92
38. Red Velvet Burger 94
39. Κόκκινο βελούδινο σκουμπρί με παντζάρια 97
40. Ριζότο κόκκινο βελούδο 100
45. Red velvet Sliders 102
46. Γαρίδες με Αμάρανθο & Κατσικίσιο Τυρί 105
47. Ψητά χτένια και λάχανο με φρέσκια σάλτσα παντζαριού 108

ΣΟΥΠΑ 111

48. Παντζάρι Borscht 112
49. Σούπα λάχανου & παντζαριού 114
50. Σούπα με παντζάρια και βουτυρόγαλα 116
51. Κάρυ παντζαριού 119
52. Κρέμα σούπας από παντζάρια 121
53. Σούπα με σπανάκι και παντζάρια 124

54. Red velvet Soup 127

ΣΑΛΑΤΕΣ 129

55. Παντζάρια με Γκρεμολάτα Πορτοκαλιού 130

56. Παντζάρια με πράσινα και ψιλοκομμένα βερίκοκα 132

57. Παντζαροσαλάτα μάραθο 135

58. Παντζαροσαλάτα φουντουκιού 137

59. Σαλάτα με παντζάρια και ντομάτα 139

60. Ανάμεικτη πράσινη σαλάτα με παντζάρια 141

61. Σαλάτα με παντζάρια και φιστίκια με ουράνιο τόξο 144

62. Pink Red velvet Salad 146

63. Yellow Beet Salad With Pears 149

64. Σαλάτα με παντζάρια και τόφου 152

65. Σαλάτα με γκρέιπφρουτ, παντζάρια και μπλε τυρί 154

66. Red velvet πατατοσαλάτα 156

67. Παντζαροσαλάτα με κατσικίσιο τυρί & καρύδια 158

ΠΛΕΥΡΕΣ 162

68. Ψητά Λαχανικά Ρίζας 163

69. Παντζάρια στο grand Marnier 165

70. Παντζάρια σε κρέμα γάλακτος 167

71. Red velvet Cranberry παντζάρια 169

72. Red velvet Μελιωμένα παντζάρια 171

73. Ψητά τεύτλα 173

ΕΠΙΔΟΡΠΙΟ 175

74. Cupcakes Red Velvet 176

75. Red velvet Iced cake 178

76. Κέικ Red Velvet 180

77. Παγωτό κόκκινο βελούδο 183

78. Μπισκότα Red Velvet Chocolate Chip Cookies 185

79. Red Velvet Ice Cream Waffle 188

80. Red Velvet Mini Cheesecakes 191

81. Μάφινς με τυρί Red Velvet Cream 195

82. Τάρτα Red Velvet Raspberry 198

83. Σουφλέ Red Velvet 201

84. Μους Cheesecake Red Velvet 204

85. Red Velvet-Berry Cobbler 207

86. Red velvet Fruit Cake 210

87. Μπισκότο Red Velvet 213

88. Red Velvet Macarons 215

89. Red Velvet Ice Box Pie 218

90. Red velvet Beet cake 220

91. Γκρατέν παντζαριού 222

92. Σουφλέ πράσινου παντζαριού 224

93. Μους από παντζάρι κόκκινο βελούδο 226

94. Ψωμί από παντζάρια 228

ΚΟΚΤΕΙΛ ΚΑΙ SMOOTHIES 230

95. Red Velvet Cake Martini 231

96. Μοκτέιλ μοχίτο κόκκινο βελούδο 233

97. Κοκτέιλ σοκολάτας Red Velvet 235

98. Κοκτέιλ Red Velvet Shortcake 237

99. Red Velvet Smoothie 239

100. Red Velvet Beetroot Banana Smoothie 241

ΣΥΜΠΕΡΑΣΜΑ 243

ΕΙΣΑΓΩΓΗ

Το κόκκινο βελούδο είναι μια παραδοσιακή γεύση κέικ που έχει κόκκινο, κόκκινο-καφέ ή κόκκινο χρώμα και περιέχει βουτυρόγαλα και σοκολάτα. Συνήθως συνδυάζεται με κρέμα τυριού frosting.

Οι περισσότεροι άνθρωποι κοιτούν το κόκκινο βελούδο γύρω από την Ημέρα του Αγίου Βαλεντίνου, ελπίζοντας να φτιάξουν κάτι γλυκό και ρομαντικό. Αλλά αυτές οι συνταγές είναι υπέροχες όλο το χρόνο! Το κλειδί για να αποκτήσετε το σωστό προφίλ γεύσης είναι να χρησιμοποιήσετε κακάο και βουτυρόγαλα χωρίς ζάχαρη. Και όταν προσθέτετε τη βαφή τροφίμων σας, το είδος του τζελ λειτουργεί καλύτερα. Είναι πολύ πιο συγκεντρωμένο και δεν θα χρειαστεί να το χρησιμοποιείτε πολύ.

Το κόκκινο είναι ένα χρώμα απόλαυσης και πολυτέλειας και το χρώμα, σε συνδυασμό με το όνομα κόκκινο βελούδο δημιουργεί μια υποκειμενική προσδοκία.Το χρώμα είναι τόσο σημαντικό στα τρόφιμα, και σίγουρα θα τραβήξουν την προσοχή όλων!

ΠΡΩΙΝΟ ΓΕΥΜΑ

1. **Κόκκινες βελούδινες τηγανίτες με κάλυμμα Kefir**

Κάνει: 4 μερίδες

ΣΥΣΤΑΤΙΚΑ:
ΕΠΙΚΑΛΥΨΗ
- ½ φλιτζάνι απλό κεφίρ
- 2 κουταλιές της σούπας ζάχαρη άχνη

Τηγανίτες
- 1¾ φλιτζάνι παλιομοδίτικη τυλιγμένη βρώμη
- 3 κουταλιές της σούπας κακάο σε σκόνη
- 1 ½ κουταλάκι του γλυκού μπέικιν πάουντερ
- 1 κουταλάκι του γλυκού μαγειρική σόδα
- ¼ κουταλάκι του γλυκού αλάτι
- 3 κουταλιές της σούπας σιρόπι σφενδάμου
- 2 κουταλιές της σούπας λάδι καρύδας, λιωμένο
- 1 ½ φλιτζάνι γάλα με χαμηλά λιπαρά 2%.
- 1 μεγάλο αυγό
- 1 κουταλάκι του γλυκού κόκκινη χρωστική τροφίμων
- Τρόμματα ή τσιπς σοκολάτας, για το σερβίρισμα

ΟΔΗΓΙΕΣ:
a) Για την επικάλυψη, προσθέστε και τα δύο υλικά σε ένα μικρό μπολ και ανακατέψτε μέχρι να ομογενοποιηθούν. Αφήνω στην άκρη.
b) Για τις τηγανίτες, προσθέστε όλα τα είδη σε ένα μπλέντερ υψηλής ταχύτητας και χτυπήστε τα σε υψηλή θερμοκρασία για να ρευστοποιηθούν. Βεβαιωθείτε ότι όλα είναι καλά αναμεμειγμένα.
c) Αφήνουμε το κουρκούτι να ξεκουραστεί για 5 με 10 λεπτά. Αυτό επιτρέπει σε όλα τα συστατικά να ενωθούν και δίνει στο κουρκούτι καλύτερη συνοχή.
d) Ψεκάστε ένα αντικολλητικό τηγάνι ή τηγάνι γενναιόδωρα με φυτικό λάδι και ζεστάνετε σε μέτρια φωτιά.
e) Μόλις ζεσταθεί το τηγάνι, προσθέστε το κουρκούτι χρησιμοποιώντας μια μεζούρα ¼ φλιτζανιού και ρίξτε το κουρκούτι στο τηγάνι για να φτιάξετε τη τηγανίτα. Χρησιμοποιήστε το μεζούρα για να διαμορφώσετε τη τηγανίτα.
f) Μαγειρέψτε μέχρι οι πλευρές να φαίνονται σταθερές και να σχηματιστούν φουσκάλες στη μέση, για 3 λεπτά, στη συνέχεια αναποδογυρίστε τη τηγανίτα.
g) Μόλις ψηθεί η τηγανίτα από εκείνη την πλευρά, αφαιρέστε τη τηγανίτα από τη φωτιά και τοποθετήστε τη σε ένα πιάτο.
h) Συνεχίστε αυτά τα βήματα με το υπόλοιπο κουρκούτι.
i) Στοιβάζετε και σερβίρετε με επικάλυψη και κομματάκια σοκολάτας.

2. Μπολ Smoothie Red Velvet

Κάνει: 2

ΣΥΣΤΑΤΙΚΑ:
- 1 ψητό παντζάρι κρυωμένο
- 1 φλιτζάνι κατεψυγμένα κεράσια
- 1 μπανάνα ψιλοκομμένη και παγωμένη
- ¼ φλιτζάνι γάλα
- 3 κουταλιές της σούπας κακάο σε σκόνη
- 1 κουταλιά της σούπας μέλι
- Ιδέες επικάλυψης: φρούτα/τεύτλα σε σχήμα καρδιάς, μπανάνα, σπόροι, ξηροί καρποί, καρύδα

ΟΔΗΓΙΕΣ:
a) Ανακατέψτε όλα τα υλικά στο μπλέντερ μέχρι να ομογενοποιηθούν, προσθέτοντας περισσότερο γάλα και μέλι όσο χρειάζεται για να αποκτήσετε συνοχή και γλυκύτητα της αρεσκείας σας.
b) Συμπληρώστε με τους αγαπημένους σας ξηρούς καρπούς/σπόρους, μπανάνα και κακάο.

3. Κρέπες Red Velvet με γέμιση κρέμα τυριού

Φτιάχνει: 10-12 κρέπες

ΣΥΣΤΑΤΙΚΑ:
- 2 αυγα
- 1 φλιτζάνι γάλα
- ½ φλιτζάνι νερό
- ½ κουταλάκι του γλυκού αλάτι
- 3 κουταλιές της σούπας βούτυρο, λιωμένο
- 1 κουταλάκι του γλυκού ζάχαρη
- 1 κουταλάκι του γλυκού εκχύλισμα βανίλιας
- 1 φλιτζάνι αλεύρι
- 1 ½ κουταλιά της σούπας κακάο σε σκόνη
- 5 σταγόνες κόκκινη βαφή τροφίμων, προαιρετικά
- Γέμισμα με τυρί κρέμα/περιχύστε

ΟΔΗΓΙΕΣ:

a) Ανακατέψτε τα αυγά, το γάλα, το νερό, το αλάτι, τη ζάχαρη, τη βανίλια και 3 κουταλιές της σούπας λιωμένο βούτυρο στο μπλέντερ και χτυπήστε μέχρι να αφρατέψουν, περίπου 30 δευτερόλεπτα.

b) Προσθέστε το αλεύρι και τη σκόνη κακάο και χτυπήστε τα μέχρι να ομογενοποιηθούν.

c) Προσθέστε τη βαφή τροφίμων αυτή τη στιγμή, εάν χρησιμοποιείτε. Θα χρειαστεί να κάνετε το κουρκούτι λίγο πιο λαμπερό από όσο θέλετε να είναι το τελικό προϊόν σας.

d) Βάλτε το κουρκούτι στο ψυγείο για 30 λεπτά ή όλη τη νύχτα.

e) Όταν είστε έτοιμοι να ετοιμάσετε τις κρέπες σας, ζεστάνετε 1 κουταλιά της σούπας βούτυρο σε ένα τηγάνι κρέπες ή άλλο ρηχό τηγάνι. Βεβαιωθείτε ότι το βούτυρο έχει καλύψει ολόκληρη την επιφάνεια του τηγανιού πριν προσθέσετε ¼ φλιτζάνι κουρκούτι κρέπας και το στροβιλίσετε ώστε να καλύψει την επιφάνεια του τηγανιού.

f) Μαγειρέψτε τις κρέπες για ένα λεπτό, αναποδογυρίστε προσεκτικά και στη συνέχεια μαγειρέψτε την άλλη πλευρά για μισό λεπτό.

g) Γαρνίρουμε με σάλτσα σοκολάτας και γέμιση κρέμα τυριού που περίσσεψε.

4. Ρολά κανέλας Red Velvet

Φτιάχνει: 24 ρολά

ΣΥΣΤΑΤΙΚΑ:
ΓΙΑ ΤΑ ΡΟΛΑ ΚΑΝΕΛΑΣ
- 4 ½ κουταλάκια του γλυκού ξηρή μαγιά
- 2-½ φλιτζάνια ζεστό νερό
- 15,25 ουγκιές Box of Red Velvet μείγμα κέικ
- 1 κουταλάκι του γλυκού εκχύλισμα βανίλιας
- 1 κουταλάκι του γλυκού αλάτι
- 5 φλιτζάνια αλεύρι για όλες τις χρήσεις

ΓΙΑ ΤΟ ΜΙΓΜΑ ΖΑΧΑΡΗΣ ΚΑΝΕΛΑΣ
- 2 φλιτζάνια μαύρη ζάχαρη συσκευασμένη
- 4 κουταλιές της σούπας αλεσμένη κανέλα
- ⅔ φλιτζάνι βούτυρο μαλακωμένο

ΓΙΑ ΤΗΝ ΚΡΕΜΑ ΤΥΡΙ ΓΛΑΣ
- 16 ουγγιές το καθένα τυρί κρέμα, μαλακωμένο
- ½ φλιτζάνι βούτυρο μαλακωμένο
- 2 φλιτζάνια ζάχαρη άχνη
- 1 κουταλάκι του γλυκού εκχύλισμα βανίλιας

ΟΔΗΓΙΕΣ:

a) Σε ένα μεγάλο μπολ ανακατεύουμε τη μαγιά και το νερό μέχρι να διαλυθούν.

b) Προσθέστε το μείγμα του κέικ, τη βανίλια, το αλάτι και το αλεύρι. Ανακατεύουμε καλά - η ζύμη θα είναι ελαφρώς κολλώδης.

c) Καλύψτε το μπολ σφιχτά με πλαστική μεμβράνη. Αφήνουμε τη ζύμη να φουσκώσει για μία ώρα. Χτυπάμε τη ζύμη και την αφήνουμε να φουσκώσει ξανά για άλλα 45 λεπτά.

d) Σε μια ελαφρώς αλευρωμένη επιφάνεια, κυλήστε τη ζύμη σε ένα μεγάλο ορθογώνιο πάχος περίπου ¼ ίντσας. Απλώστε το βούτυρο σε όλη τη ζύμη ομοιόμορφα.

e) Σε ένα μεσαίο μπολ ανακατεύουμε την καστανή ζάχαρη και την κανέλα. Ρίξτε το μείγμα της καστανής ζάχαρης πάνω από το βούτυρο.

f) Τυλίγουμε σαν ζελέ, ξεκινώντας από τη μακριά άκρη. Κόβουμε σε 24 ίσα κομμάτια.

g) Λαδώνουμε δύο ταψιά 9x13 ιντσών. Αραδιάζουμε τις φέτες ρολό κανέλας στα ταψιά. Σκεπάζουμε και αφήνουμε σε ζεστό μέρος να φουσκώσει μέχρι να διπλασιαστεί σε όγκο.

h) Προθερμάνετε το φούρνο στους 350°F.

i) Ψήνουμε για 15-20 λεπτά ή μέχρι να ψηθούν.

j) Ενώ ψήνονται τα ρολά κανέλας, ετοιμάστε το γλάσο με τυρί κρέμα, στραγγίζοντας το τυρί κρέμα και το βούτυρο σε ένα μέτριο μπολ ανάμειξης μέχρι να γίνει κρέμα. Ανακατεύουμε μέσα τη βανίλια. Προσθέστε σταδιακά τη ζάχαρη άχνη.

5. Red Velvet Baked Donuts

Φτιάχνει: 14-16 λουκουμάδες

ΣΥΣΤΑΤΙΚΑ:
- 2 ¼ κούπες αλεύρι
- 1 κουταλιά της σούπας μπέικιν πάουντερ
- ½ κουταλάκι του γλυκού αλάτι
- ⅔ φλιτζάνι ζάχαρη
- 1 αυγό
- 2 κουταλιές της σούπας φυτικό λάδι
- 2 κουταλιές της σούπας κακάο σε σκόνη
- 1 κουταλάκι του γλυκού βανίλια
- ½ φλιτζάνι γάλα χαμηλών λιπαρών
- Κόκκινη Soft Gel Paste
- Στιλβώ

ΟΔΗΓΙΕΣ:
a) Προθερμαίνουμε το φούρνο στους 350 βαθμούς.
b) Ψεκάστε ένα ταψί για ντόνατς με μαγειρικό σπρέι και αφήστε το στην άκρη.
c) Σε ένα μεσαίο μπολ ανακατεύουμε το αλεύρι, το μπέικιν πάουντερ και το αλάτι.
d) Ανακατεύουμε καλά και αφήνουμε στην άκρη.
e) Σε ένα μεγάλο μπολ ανακατεύουμε τη ζάχαρη, το αυγό και το φυτικό λάδι.
f) Προσθέστε τη σκόνη κακάο και τη βανίλια και ανακατέψτε καλά.
g) Ανακατεύουμε σιγά σιγά το γάλα μέχρι να ενωθεί καλά.
h) Προσθέστε τα ξηρά συστατικά, περίπου μισό φλιτζάνι τη φορά, ανακατεύοντας καλά μετά από κάθε προσθήκη.
i) Προσθέστε μερικές σταγόνες κόκκινο χρώμα τροφίμων και ανακατέψτε μέχρι το κουρκούτι να πάρει το επιθυμητό χρώμα.
j) Βάλτε το κουρκούτι σε μια σακούλα με φερμουάρ και σφραγίστε.
k) Κόψτε το άκρο και περάστε μέσα στο ταψί για ντόνατς, γεμίζοντας κάθε φλιτζάνι ντόνατ ⅔ μέχρι το τέλος.
l) Ψήνουμε για 12-15 λεπτά, προσέχοντας να μην ροδίσουν οι λουκουμάδες.
m) Βουτάμε τις κορυφές των ντόνατς στο γλάσο και πασπαλίζουμε με καρδιές ή πασπαλίζουμε.

6. Κόκκινη βελούδινη φουσκωμένη τηγανίτα

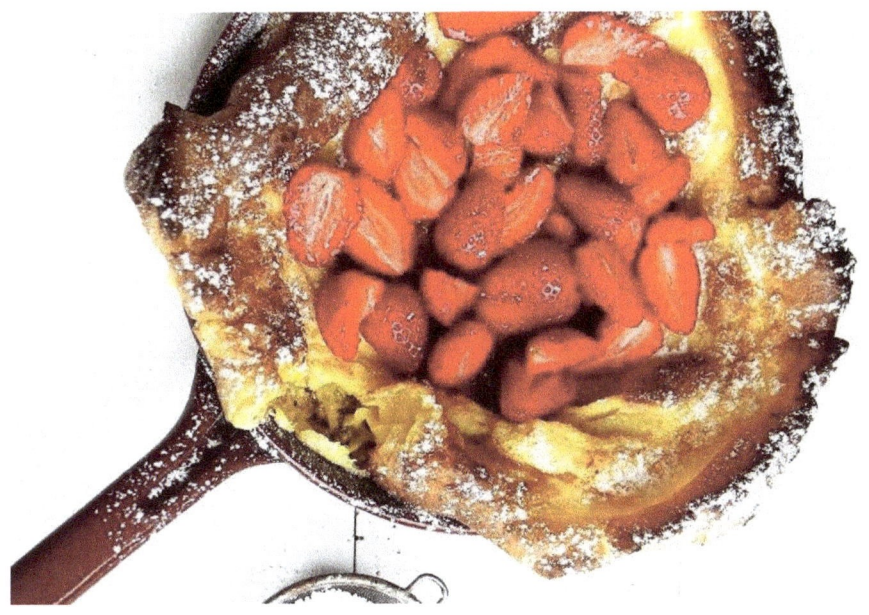

Κάνει: 4 μερίδες

ΣΥΣΤΑΤΙΚΑ:
ΓΙΑ ΤΗ τηγανίτα:
- 4 μεγάλα αυγά
- 1 φλιτζάνι γάλα
- ¾ φλιτζάνι + 2 κουταλιές της σούπας αλεύρι για όλες τις χρήσεις
- 2 κουταλιές της σούπας κακάο σε σκόνη
- ¼ φλιτζάνι κρυσταλλική ζάχαρη
- ¼ κουταλάκι του γλυκού αλάτι kosher
- 1 κουταλάκι του γλυκού εκχύλισμα βανίλιας
- 2 κουταλιές της σούπας ανάλατο βούτυρο
- ½ κουταλάκι του γλυκού κόκκινο τζελ χρώμα τροφίμων
- Σπρέι μαγειρικής
- Στιλβώ

ΟΔΗΓΙΕΣ:

a) Προθερμάνετε το φούρνο στους 400 βαθμούς Φ

b) Τοποθετήστε τα αυγά, το γάλα, το αλεύρι, τη σκόνη κακάο, τη ζάχαρη, το αλάτι και τη βανίλια στο μπλέντερ. ανακατεύουμε μέχρι να ενωθούν καλά. Προσθέστε τη χρωστική τροφίμων και ανακατέψτε για 30 δευτερόλεπτα.

c) Ζεσταίνουμε ένα τηγάνι από χυτοσίδηρο 10 ιντσών ή ένα αντικολλητικό τηγάνι σε μέτρια προς δυνατή φωτιά. Προσθέστε το βούτυρο και λιώστε. Ρίξτε τη ζύμη στο τηγάνι. Βάλτε το ταψί στο φούρνο και ψήστε μέχρι να ροδίσει, να φουσκώσει και να ψηθεί για περίπου 20-25 λεπτά.

d) Όσο η τηγανίτα είναι στο φούρνο, φτιάχνουμε το γλάσο με τυρί κρέμα. Χτυπάμε το τυρί κρέμα και το βούτυρο με ένα μίξερ μέχρι να ενωθούν καλά, 1-3 λεπτά. Προσθέτουμε το γάλα και χτυπάμε να ενωθούν. Προσθέστε σιγά σιγά την άχνη ζάχαρη και ανακατέψτε μέχρι να σχηματιστεί ένα γλάσο. Μπορείτε να προσθέσετε περισσότερο γάλα ένα κουταλάκι του γλυκού κάθε φορά, εάν χρειάζεται για να πάρει το γλάσο πυκνή σύσταση.

e) Κόψτε τη τηγανίτα σε φέτες και σερβίρετε με το γλάσο του τυριού κρέμα και τα φρούτα.

7. <u>Red Velvet Cheesy Waffle</u>

Φτιάχνει: 3 βάφλες

ΣΥΣΤΑΤΙΚΑ:
- 1 αυγό
- 1 ουγγιά τυρί κρέμα
- 2 κουταλιές της σούπας αλεύρι καρύδας
- 1 κουταλιά της σούπας βουτυρόγαλα
- 2 κουταλάκια του γλυκού γλυκαντικό χωρίς ζάχαρη
- ½ κουταλάκι του γλυκού μπέικιν πάουντερ
- ½ κουταλάκι του γλυκού κακάο σε σκόνη
- κόκκινο χρώμα τροφίμων

ΟΔΗΓΙΕΣ:
a) Προθερμάνετε τη συσκευή για βάφλες.
b) Χτυπάμε όλα τα υλικά μαζί. Προσθέστε μερικές σταγόνες κόκκινο χρώμα τροφίμων για να πετύχετε την επιθυμητή απόχρωση του ροζ ή του κόκκινου.
c) Ρίξτε περίπου ⅓ από το κόκκινο βελούδινο κουρκούτι στη μηχανή βάφλας εάν χρησιμοποιείτε μια μίνι βαφλιέρα.
d) Κλείνουμε τη βαφλιέρα και αφήνουμε να ψηθεί για 3-5 λεπτά ή μέχρι να ροδίσει η βάφλα και να δέσει.
e) Βγάζετε το τσάφλα από τη βαφλιέρα και σερβίρετε.

8. Γαλλικό τοστ Red Velvet

Κάνει: 4

ΣΥΣΤΑΤΙΚΑ
- 8 φέτες μπριός
- 3 μεγάλα αυγά
- 1 φλιτζάνι μισή και μισή κρέμα γάλακτος 10% MF
- 2 κουταλιές της σούπας ζάχαρη κρυσταλλική
- 1 κουταλιά της σούπας εκχύλισμα βανίλιας
- 2 κουταλιές της σούπας κακάο σε σκόνη
- 2-3 κουταλιές της σούπας κόκκινη χρωστική τροφίμων
- ¼ κουταλάκι του γλυκού αλάτι
- 2-3 κουταλιές της σούπας βούτυρο ή λάδι, για το τηγάνισμα
- Κρέμα τυρί γλάσο

ΟΔΗΓΙΕΣ
a) Προθερμάνετε το φούρνο στους 250 F. Τοποθετήστε τις φέτες μπριός σε ένα ταψί και ψήστε για 15-20 λεπτά ή μέχρι να στεγνώσουν ελαφρώς. Ψύξτε τις φέτες εντελώς. Χτυπάμε τα αυγά, την κρέμα γάλακτος, τη ζάχαρη, τη βανίλια, τη σκόνη κακάο, τη βαφή τροφίμων και το αλάτι μαζί.
b) Περιχύνουμε τις φέτες με το μείγμα των αυγών.
c) Γυρίζετε τις φέτες κάθε λίγα λεπτά και τις απλώνετε με κουτάλι με το μείγμα μέχρι να απορροφηθούν σχεδόν όλα. Περίπου 10 λεπτά.
d) Ζεσταίνουμε ένα τηγάνι σε μέτρια φωτιά. Προσθέστε το βούτυρο και μετά τοποθετήστε τις φέτες στο τηγάνι. Μαγειρέψτε για 2-3 λεπτά ανά πλευρά ή μέχρι να ροδίσουν.

9. Ζεστή σοκολάτα Red Velvet

Κάνει: 6

ΣΥΣΤΑΤΙΚΑ:
- 14 ουγγιές ζαχαρούχο γάλα
- 1 φλιτζάνι παχύρρευστη κρέμα
- 6 φλιτζάνια πλήρες γάλα
- 1 φλιτζάνι ημίγλυκα κομματάκια σοκολάτας
- 1 κουταλιά της σούπας εκχύλισμα βανίλιας
- 1 κουταλιά της σούπας τυρί κρέμα
- 4 σταγόνες κόκκινο τζελ τροφίμων

ΟΔΗΓΙΕΣ:
a) Προσθέστε το ζαχαρούχο γάλα, τα τσιπς σοκολάτας, την παχύρρευστη κρέμα, το γάλα και το εκχύλισμα βανίλιας στη μαγειρίτσα σας και μαγειρέψτε σε χαμηλή φωτιά για 3 ώρες, ανακατεύοντας κάθε ώρα. Σοκολάτα και γάλα στο slow cooker
b) Μόλις λιώσει η σοκολάτα, προσθέστε το τυρί κρέμα και την κόκκινη χρωστική τροφίμων.
c) Συνεχίστε το μαγείρεμα αν θέλετε ή μειώστε τη φωτιά για να ζεσταθεί και σερβίρετε. Σοκολάτα στο slow cooker
d) Εάν το μείγμα είναι πολύ πηχτό για τις προτιμήσεις σας, μπορείτε να το αραιώσετε με επιπλέον γάλα ή νερό. Κόκκινη βελούδινη ζεστή σοκολάτα σε διάφανη κούπα

10. Ψωμί μπανάνας Red Velvet

Φτιάχνει: 2 καρβέλια

ΣΥΣΤΑΤΙΚΑ:
- 1 κουτί Μείγμα κέικ Red Velvet
- 3 μεγάλα αυγά
- ⅓ φλιτζάνι λάδι
- 1 ½ φλιτζάνι πολτοποιημένες μπανάνες, περίπου 3 ή 4 μπανάνες
- 1 φλιτζάνι πεκάν ψιλοκομμένα

ΟΔΗΓΙΕΣ:
a) Προθερμάνετε το φούρνο στους 350ºF. Λαδώνουμε και αλευρώνουμε δύο ταψάκια.
b) Ανακατεύουμε το ξηρό μείγμα κέικ, τα αυγά, το λάδι, τις πολτοποιημένες μπανάνες και τα ψιλοκομμένα πεκάν μέχρι να αναμειχθούν καλά. Ρίξτε το κουρκούτι σε έτοιμα ταψιά.
c) Ψήστε για 30 με 35 λεπτά ή μέχρι να βγει καθαρή η οδοντογλυφίδα που έχετε τοποθετήσει στο κέντρο.
d) Αφαιρέστε από το φούρνο στη σχάρα ψύξης για 10 λεπτά πριν το βγάλετε από το ταψί.
e) Ψύξτε εντελώς σε μια σχάρα. Αν θέλουμε πασπαλίζουμε με ζάχαρη άχνη.

11. Red Velvet Mochi Waffle

Κάνει: 8 μερίδες

ΣΥΣΤΑΤΙΚΑ:
ΓΙΑ ΤΙΣ ΚΟΚΚΙΝΕΣ ΒΕΛΟΥΔΕΣ ΜΟΧΙ ΒΑΦΛΕΣ
- 1 ½ φλιτζάνι γάλα
- 2 αυγα
- 2 κουταλιές της σούπας κόκκινη χρωστική τροφίμων
- 1 κουταλάκι του γλυκού εκχύλισμα βανίλιας
- ½ κουταλάκι του γλυκού αποσταγμένο λευκό ξύδι
- 2 ½ φλιτζάνια αλεύρι mochiko
- ½ φλιτζάνι κρυσταλλική ζάχαρη
- 1 κουταλιά της σούπας μπέικιν πάουντερ
- 1 κουταλιά της σούπας κακάο σε σκόνη
- ½ κουταλάκι του γλυκού αλάτι

ΟΔΗΓΙΕΣ:
a) Προθερμάνετε τη βαφλιέρα σας.
b) Σε ένα μέτριο μπολ προσθέτουμε τα υγρά υλικά και χτυπάμε μέχρι να ομογενοποιηθούν καλά. Αφήνω στην άκρη.
c) Στη συνέχεια σε ένα μεγάλο μπολ ανάμειξης προσθέτουμε τα ξηρά υλικά.
d) Χτυπάμε μέχρι να ενωθούν καλά.
e) Προσθέστε τα υγρά υλικά στο στεγνό και ανακατέψτε μέχρι να ομογενοποιηθούν.
f) Ψεκάστε αντικολλητικό σπρέι μαγειρικής στην επιφάνεια της βαφλιέρας. Ρίξτε τη ζύμη στη συσκευή για βάφλες και μαγειρέψτε μέχρι να ροδίσει ελαφρά.

12. Σοκολάτα Red Velvet Hot Peppermint

Φτιάχνει: 5 φλ

ΣΥΣΤΑΤΙΚΑ
- 4 φλιτζάνια μισή-μισή κρέμα
- 7 ουγγιές λευκή σοκολάτα ψησίματος, ψιλοκομμένη
- 2 ουγγιές σοκολάτα γάλακτος, ψιλοκομμένη
- ¼ έως ½ κουταλάκι του γλυκού κόκκινο χρώμα τροφίμων
- ¼ έως ½ κουταλάκι του γλυκού εκχύλισμα μέντας
- Παύλα αλάτι
- Καραμέλες και marshmallows

ΟΔΗΓΙΕΣ:
a) Σε μια μεγάλη κατσαρόλα ζεσταίνουμε την κρέμα γάλακτος σε μέτρια φωτιά μέχρι να σχηματιστούν φυσαλίδες γύρω από τα πλαϊνά του τηγανιού.

b) Αποσύρουμε από τη φωτιά? ανακατεύουμε τις σοκολάτες, τις χρωστικές τροφίμων, το εκχύλισμα και το αλάτι μέχρι να ομογενοποιηθούν. Επιστρέψτε στη ζέστη. μαγειρεύουμε και ανακατεύουμε μέχρι να ζεσταθεί.

c) Ρίξτε σε κούπες. από πάνω με ζαχαρωτά και marshmallows.

13. Πλιγούρι βρώμης κόκκινο βελούδο

Κάνει: 6

ΣΥΣΤΑΤΙΚΑ
- 1 ½ φλιτζάνι τυλιγμένη βρώμη
- 1 φλιτζάνι Βουτυρόγαλα
- 2 ½ φλιτζάνια γάλα
- 2 κουταλιές της σούπας ζάχαρη
- 1 ½ κουταλιά της σούπας κακάο σε σκόνη
- ¼ κουταλάκι του γλυκού αλάτι
- 2 έως 3 σταγόνες κόκκινη χρωστική τροφίμων
- 1 κουταλάκι του γλυκού εκχύλισμα βανίλιας

ΤΟΠΙΝΓΚ
- Ρόδι αράλια
- Κομμάτια σοκολάτας
- Φρούτα επιλογής
- ΞΗΡΟΙ ΚΑΡΠΟΙ

ΟΔΗΓΙΕΣ
a) Προσθέστε το γάλα, τη ζάχαρη, το αλάτι, το εκχύλισμα βανίλιας και τη σκόνη κακάο στην κατσαρόλα
b) Ανακατεύουμε και ανάβουμε τη φωτιά σε μέτρια.
c) Προσθέστε τη βρώμη στο μείγμα γάλακτος-κακάο.
d) Προσθέστε το χρώμα του φαγητού και μαγειρέψτε σε μέτρια μέχρι να ψηθεί πλήρως.
e) Χρειάζονται περίπου 6 λεπτά για να ψηθεί πλήρως. Ανακατεύετε συνεχώς για να μην καεί.
f) Σερβίρετε με περισσότερο γάλα, και γαρνιτούρες της επιλογής σας.

14. κόκκινο βελούδοβατόμουρο και γάλα αμυγδάλου

Κάνει: 3

ΣΥΣΤΑΤΙΚΆ:
- 1 φλιτζάνι κατεψυγμένα σμέουρα
- ¼ φλιτζάνι πεπτίδια κολλαγόνου
- ¼ φλιτζάνι λάδι MCT
- 2 κουταλιές της σούπας σπόρους chia
- 1 κουταλάκι του γλυκού παντζάρι σε σκόνη
- 1 κουταλάκι του γλυκού βιολογικό εκχύλισμα βανίλιας
- 4 σταγόνες υγρή στέβια
- 1 ½ φλιτζάνι γάλα αμυγδάλου, χωρίς ζάχαρη

ΟΔΗΓΊΕΣ:
a) Σε ένα μπλέντερ υψηλής ισχύος, συνδυάστε όλα τα υλικά και ανακατέψτε μέχρι να ομογενοποιηθούν.

b) Αδειάζετε σε 3 μπολ σερβιρίσματος και σερβίρετε με την αγαπημένη σας γαρνιτούρα.

15. Κόκκινα βελούδινα τουρσί αυγά

Κάνει: 6

ΣΥΣΤΑΤΙΚΑ:
- 6 αυγά
- 1 φλιτζάνι λευκό ξύδι
- Χυμός από 1 κουτί παντζάρια
- ¼ φλιτζάνι ζάχαρη
- ½ κουταλιά της σούπας αλάτι
- 2 σκελίδες σκόρδο
- 1 κουταλιά της σούπας ολόκληρος κόκκος πιπεριού
- 1 φύλλο δάφνης

ΟΔΗΓΙΕΣ:
a) Προθερμάνετε το υδατόλουτρο στους 170 °F.
b) Τοποθετήστε τα αυγά σε μια σακούλα. Σφραγίστε τη σακούλα και τοποθετήστε την στο μπάνιο. Μαγειρέψτε για 1 ώρα.
c) Μετά από 1 ώρα βάζουμε τα αυγά σε ένα μπολ με κρύο νερό να κρυώσουν και ξεφλουδίζουμε προσεκτικά. Στη σακούλα στην οποία μαγειρέψατε τα αυγά, συνδυάστε ξύδι, χυμό παντζαριού, ζάχαρη, αλάτι, σκόρδο και φύλλο δάφνης.
d) Αντικαταστήστε τα αυγά σε μια σακούλα με υγρό τουρσί. Αντικαταστήστε το σε λουτρό νερού και μαγειρέψτε για 1 επιπλέον ώρα.
e) Μετά από 1 ώρα, μεταφέρετε τα αυγά με το υγρό τουρσί στο ψυγείο.
f) Αφήστε να κρυώσει εντελώς πριν φάτε.

16. Λάτκες από κόκκινο βελούδο

Κάνει: 1 μερίδα

ΣΥΣΤΑΤΙΚΑ:
- 1 φλιτζάνι φρέσκα παντζάρια ψιλοκομμένα
- 2 κουταλιές της σούπας άμυλο καλαμποκιού
- 4 κρόκοι αυγών χτυπημένοι
- ½ κουταλάκι του γλυκού Ζάχαρη
- 3 κουταλιές της σούπας βαριά κρέμα ή αδιάλυτο γάλα εβαπορέ
- ½ κουταλάκι του γλυκού αλεσμένο μοσχοκάρυδο
- 1 κουταλάκι του γλυκού Αλάτι

ΟΔΗΓΙΕΣ:
a) Ανακατεύουμε όλα τα υλικά σε ένα μπολ ανάμειξης.
b) Ανακατεύουμε καλά και ψήνουμε σε μια ζεστή βουτυρωμένη σχάρα ή σε βαρύ τηγάνι με τρόπο τηγανίτας.
c) Σερβίρουμε με μαρμελάδα φρούτων ή κονσέρβες.

17. Red velvet Hash

Κάνει: 4

ΣΥΣΤΑΤΙΚΑ:
- 1 κιλό παντζάρια, ξεφλουδισμένα και κομμένα σε κύβους
- ½ κιλό πατάτες Yukon Gold, τριμμένες και κομμένες σε κύβους
- Αλάτι χοντρό και φρεσκοτριμμένο μαύρο πιπέρι
- 2 κουταλιές της σούπας έξτρα παρθένο ελαιόλαδο
- 1 μικρό κρεμμύδι, κομμένο σε κύβους
- 2 κουταλιές της σούπας φρέσκο μαϊντανό ψιλοκομμένο
- 4 μεγάλα αυγά

ΟΔΗΓΙΕΣ:
a) Σε ένα τηγάνι σε ψηλή όψη, καλύψτε τα παντζάρια και τις πατάτες με νερό και αφήστε τα να βράσουν. Αλατίζουμε και μαγειρεύουμε μέχρι να μαλακώσουν, περίπου 7 λεπτά. Στραγγίζουμε και σκουπίζουμε το τηγάνι.

b) Ζεσταίνουμε το λάδι σε ένα τηγάνι σε μέτρια προς δυνατή φωτιά. Προσθέστε βραστά παντζάρια και πατάτες και μαγειρέψτε μέχρι να αρχίσουν να γίνονται χρυσαφένιες για περίπου 4 λεπτά. Μειώστε τη φωτιά σε μέτρια, προσθέστε το κρεμμύδι και μαγειρέψτε, ανακατεύοντας, μέχρι να μαλακώσει, περίπου 4 λεπτά. Προσαρμόστε το καρύκευμα και ανακατέψτε με το μαϊντανό.

c) Κάντε τέσσερα φαρδιά πηγάδια στο χασίς. Σπάτε ένα αυγό σε κάθε ένα και αλατοπιπερώνετε το αυγό. Μαγειρέψτε μέχρι να δέσει τα ασπράδια αλλά οι κρόκοι να είναι ακόμα ρευστοί για 5 με 6 λεπτά.

18. Red velvet Breakfast Pizza

Κάνει: 6

ΣΥΣΤΑΤΙΚΑ:
ΓΙΑ ΤΗΝ ΚΡΟΥΤΑ ΠΙΤΣΑΣ:
- 1 φλιτζάνι παντζάρια βρασμένα και πολτοποιημένα
- ¾ φλιτζάνι αμύγδαλο
- ⅓ φλιτζάνι καστανό ρυζάλευρο
- ½ κουταλάκι του γλυκού αλάτι
- 2 κουταλάκια του γλυκού μπέικιν πάουντερ
- 1 κουταλιά της σούπας λάδι καρύδας
- 2 κουταλάκια του γλυκού δεντρολίβανο ψιλοκομμένο
- 1 αυγό

ΤΟΠΙΝΓΚ:
- 3 Αυγά
- 2 φέτες μαγειρεμένο μπέικον θρυμματισμένες
- αβοκάντο
- τυρί

ΟΔΗΓΙΕΣ
a) Προθερμαίνουμε τον φούρνο στους 375 βαθμούς
b) Ανακατεύουμε όλα τα υλικά για την κρούστα της πίτσας
c) Ψήνουμε για 5 λεπτά
d) Βγάζουμε και κάνουμε 3 μικρά «πηγαδάκια» χρησιμοποιώντας το πίσω μέρος ενός κουταλιού ή φόρμας παγωτού
e) Ρίξτε τα 3 αυγά σε αυτά τα "πηγάδια"
f) Ψήνουμε 20 λεπτά
g) Περιχύνουμε με τυρί και μπέικον και ψήνουμε για άλλα 5 λεπτά
h) Προσθέστε περισσότερο δεντρολίβανο, τυρί και αβοκάντο.

ΟΡΕΚΤΙΚΑ ΚΑΙ ΣΝΑΚ

19. Red Velvet Bombs

Κάνει: 10

ΣΥΣΤΑΤΙΚΑ:
- 100 γραμμάρια μαύρη σοκολάτα, 90%
- 1 κουταλάκι του γλυκού εκχύλισμα βανίλιας, χωρίς ζάχαρη
- ⅓ φλιτζάνι τυρί κρέμα, μαλακωμένο
- 3 κουταλιές της σούπας στέβια
- 4 σταγόνες κόκκινου χρώματος τροφίμων
- ⅓ Φλιτζάνι κρέμα κάνναβης βαριά, σαντιγί

ΟΔΗΓΙΕΣ:
a) Ψήστε τη σοκολάτα σας με μικροκύματα σε διαστήματα δέκα δευτερολέπτων σε ένα μπολ κατάλληλο για φούρνο μικροκυμάτων.
b) Εκτός από τη σαντιγί, ανακατεύουμε όλα τα υπόλοιπα υλικά σε ένα μεγάλο μπολ.
c) Βεβαιωθείτε ότι είναι τέλεια λείο ανακατεύοντάς το με ένα μίξερ χειρός.
d) Προσθέτουμε τη λιωμένη σοκολάτα και συνεχίζουμε το ανακάτεμα για άλλα δύο λεπτά.
e) Γεμίστε μια σακούλα σωληνώσεων μέχρι τη μέση με το μείγμα, σωλήνωση σε ένα έτοιμο φύλλο ψησίματος και βάλτε το στο ψυγείο για σαράντα λεπτά.
f) Πριν το σερβίρετε, προσθέστε από πάνω μια κούκλα σαντιγί.

20. Μπάρες κολοκύθας Red Velvet

Κάνει: 4 μερίδες

ΣΥΣΤΑΤΙΚΑ:
- Παντζάρια ψημένα μικρά, 2
- Αλεύρι καρύδας, ¼ φλ
- Βούτυρο βιολογικό κολοκυθόσπορο, 1 κουταλιά της σούπας
- Γάλα καρύδας, ¼ φλ
- Ορός γάλακτος βανίλιας, ½ φλ
- 85% μαύρη σοκολάτα, λιωμένη

ΟΔΗΓΙΕΣ:
a) Ανακατεύουμε όλα τα ξηρά υλικά εκτός από τη σοκολάτα.
b) Ανακατεύουμε το γάλα πάνω από τα στεγνά υλικά και δένουμε καλά.
c) Πλάθουμε σε μπάρες μεσαίου μεγέθους.
d) Λιώστε τη σοκολάτα στο φούρνο μικροκυμάτων και αφήστε τη να κρυώσει για λίγα δευτερόλεπτα.
e) Τώρα βουτάμε κάθε μπάρα σε λιωμένη σοκολάτα και καλύπτουμε καλά.
f) Βάζουμε στο ψυγείο μέχρι να δέσει και σφίξει η σοκολάτα.
g) Απολαμβάνω.

21. Μπάρες πρωτεΐνης Red Velvet Fudge

Κάνει: 4 μερίδες

ΣΥΣΤΑΤΙΚΑ:
- Πουρέ ψητό παντζάρι, 1 φλ
- Πάστα βανίλιας, 1 κουτ
- Γάλα σόγιας χωρίς ζάχαρη, ½ φλ
- Βούτυρο ξηρών καρπών, ½ φλ
- Ροζ αλάτι Ιμαλαΐων, ⅛ κουταλάκι του γλυκού
- Εκχύλισμα, 2 κουτ
- Ακατέργαστη στέβια, ¾ φλ
- Αλεύρι βρώμης, ½ φλ
- Πρωτεΐνη σε σκόνη, 1 φλ

ΟΔΗΓΙΕΣ:
a) Λιώστε το βούτυρο σε μια κατσαρόλα και προσθέστε αλεύρι βρώμης, σκόνη πρωτεΐνης, πουρέ παντζαριών, βανίλια, εκχύλισμα, αλάτι και στέβια. Ανακατεύουμε μέχρι να ενωθούν.
b) Τώρα προσθέστε το γάλα σόγιας και ανακατέψτε μέχρι να ενσωματωθεί καλά.
c) Μεταφέρετε το μείγμα σε ένα ταψί και το βάζετε στο ψυγείο για 25 λεπτά.
d) Όταν σφίξει το μείγμα, το κόβουμε σε 6 μπάρες και απολαμβάνουμε.

22. Red Velvet Puppy Chow

Κάνει: 22

ΣΥΣΤΑΤΙΚΑ:
- 15,25 ουγκιές κόκκινο βελούδο μείγμα κέικ
- 1 φλιτζάνι ζάχαρη άχνη
- 12 ουγκιές λευκή σοκολάτα
- 8 ουγγιές ημίγλυκη σοκολάτα
- 2 κουταλιές της σούπας κρέμα γάλακτος σε θερμοκρασία δωματίου
- 12 ουγγιές δημητριακά Chex
- 10 ουγγιές M&M's
- ⅛ Πασπαλίζουμε στο χρώμα του φλιτζανιού

ΟΔΗΓΙΕΣ:
a) Προθερμάνετε το φούρνο σας στους 350°F.
b) Απλώνουμε το κόκκινο βελούδινο μείγμα για κέικ σε ένα ταψί στρωμένο με λαδόκολλα.
c) Ψήνουμε στο φούρνο για 5-8 λεπτά. Βγάζουμε από το φούρνο και αφήνουμε να κρυώσει.
d) Προσθέστε το μείγμα του κέικ και τη ζάχαρη άχνη σε μια επανασφραγιζόμενη σακούλα και ανακινήστε να ανακατευτούν καλά. Βάλτε στη μία πλευρά.
e) Σε ένα μπολ, σπάστε τη σοκολάτα και στη συνέχεια ζεστάνετε στο φούρνο μικροκυμάτων σε βήματα των 30 δευτερολέπτων, ανακατεύοντας ενδιάμεσα, μέχρι να λιώσει τελείως η σοκολάτα.
f) Ανακατεύουμε με την κρέμα.
g) Προσθέστε τα δημητριακά Chex σε άλλο μεγάλο μπολ ανάμειξης και ρίξτε τη σοκολάτα από πάνω.
h) Ανακατέψτε προσεκτικά τα δημητριακά μαζί με τη σοκολάτα μέχρι να επικαλυφθούν ομοιόμορφα και στη συνέχεια, δουλεύοντας σε παρτίδες, προσθέστε τα καλυμμένα με σοκολάτα δημητριακά στη σακούλα με το μείγμα του κέικ και τη ζάχαρη και ανακινήστε μέχρι να καλυφθούν πλήρως.

i) Αφαιρέστε τα κομμάτια των δημητριακών σε ένα ταψί στρωμένο με λαδόκολλα.

j) Επαναλάβετε με τα υπόλοιπα δημητριακά και μετά αφήστε τα κομμάτια να στεγνώσουν για περίπου μία ώρα.

k) Ανακατεύουμε με τα M&M και τα πασπαλίζουμε και τα βάζουμε σε ένα μπολ για να σερβίρουμε.

23. Red Velvet Party Mix

Κάνει: 12 μερίδες

ΣΥΣΤΑΤΙΚΑ:
- 6 φλιτζάνια δημητριακά σοκολάτας
- ½ φλιτζάνι συσκευασμένη καστανή ζάχαρη
- ⅓ φλιτζάνι βούτυρο
- 3 κουταλιές της σούπας σιρόπι καλαμποκιού
- 1 σταγόνα κόκκινο τζελ χρώματος τροφίμων
- 1 φλιτζάνι Food Cake Mix
- ½ φλιτζάνι κρέμα τυρί κρέμα

ΟΔΗΓΙΕΣ:
a) Σε ένα μεγάλο μπολ στο φούρνο μικροκυμάτων, τοποθετήστε τα δημητριακά. αφήνω στην άκρη.
b) Σε ένα μεσαίο μπολ που μπορεί να φούρνος μικροκυμάτων, ψήστε τη μαύρη ζάχαρη, το βούτυρο, το σιρόπι καλαμποκιού, το χρώμα τροφίμων και το μείγμα κέικ στο φούρνο μικροκυμάτων, ακάλυπτα στο High.
c) Αμέσως περιχύνουμε τα δημητριακά. ανακατεύουμε μέχρι να καλυφθεί καλά.
d) Απλώστε σε κερωμένο χαρτί. Ψύξτε για 5 λεπτά.
e) Σε ένα μικρό μπολ στο φούρνο μικροκυμάτων, τοποθετήστε το frosting. ο φούρνος μικροκυμάτων ξεσκέπασε στο High για 20 δευτερόλεπτα.
f) Περιχύστε με το μείγμα δημητριακών. Αποθηκεύστε χαλαρά σκεπασμένο.

24. Κόκκινες βελούδινες μπάλες κέικ

Κάνει: 4 δωδεκάδες

ΣΥΣΤΑΤΙΚΑ:
- Συσκευασία 15,25 ουγκιών μείγματος red velvet cake
- 1 φλιτζάνι πλήρες γάλα
- ⅓ φλιτζάνι αλατισμένο βούτυρο, λιωμένο
- 3 κουταλάκια του γλυκού εκχύλισμα βανίλιας, χωρισμένο
- Στενέ λαχανικών, για τηγάνι
- Αλεύρι για όλες τις χρήσεις, για τηγάνι
- 8 ουγγιές συσκ. τυρί κρέμα μαλακωμένο
- ½ φλιτζάνι αλατισμένο βούτυρο, μαλακωμένο
- 4 φλιτζάνια ζάχαρη άχνη
- 30 ουγγιές λευκές γκοφρέτες που λιώνουν
- Κόκκινα και λευκά ραντίσματα και γυαλόχαρτα

ΟΔΗΓΙΕΣ:
a) Προθερμάνετε το φούρνο στους 350°F. Χτυπήστε το μείγμα του κέικ, το γάλα, το λιωμένο βούτυρο και το 1 κουταλάκι του γλυκού βανίλια στο μπολ ενός μίξερ βαρέως τύπου με το εξάρτημα κουπιών σε χαμηλή ταχύτητα μέχρι να αναμειχθούν καλά, περίπου 1 λεπτό. Αυξήστε την ταχύτητα σε μέτρια και χτυπήστε για 2 λεπτά. Ρίξτε το κουρκούτι σε ένα λαδωμένο και αλευρωμένο ταψί 13 x 9 ιντσών.
b) Ψήνουμε σε προθερμασμένο φούρνο μέχρι να βγει καθαρή μια ξύλινη λαβή που μπαίνει στο κέντρο, για 24 με 28 λεπτά. Ψύξτε σε ένα τηγάνι σε μια σχάρα για 15 λεπτά. Γυρίστε το κέικ σε μια σχάρα και αφήστε το να κρυώσει εντελώς για περίπου 2 ώρες.
c) Εν τω μεταξύ, χτυπήστε το τυρί κρέμα και το μαλακό βούτυρο με ένα βαρέως τύπου μίξερ τοποθετημένο εξάρτημα κουπιών σε μέτρια ταχύτητα μέχρι να γίνει κρέμα. Χαμηλώνουμε την ταχύτητα στο χαμηλό και προσθέτουμε σταδιακά τη ζάχαρη άχνη και τα υπόλοιπα 2 κουταλάκια του γλυκού βανίλια, χτυπώντας μέχρι να ομογενοποιηθούν. Αυξήστε την ταχύτητα σε μέτρια προς υψηλή και χτυπήστε μέχρι να αφρατέψουν, 1 με 2 λεπτά.
d) Θρυμματίζουμε το κρύο κέικ σε ένα μεγάλο μπολ. Προσθέστε 2 φλιτζάνια κρέμα τυριού frosting.

e) Τυλίξτε το μείγμα του κέικ σε 48 μπάλες, περίπου 1 ίντσας σε διάμετρο. Τοποθετήστε τις μπάλες σε ταψί και καλύψτε τις με πλαστική μεμβράνη. Ψύξτε για 8 ώρες ή όλη τη νύχτα.

f) Λιώστε 1 συσκευασία από τις γκοφρέτες που λιώνουν σε ένα μεσαίου μεγέθους μπολ για φούρνο μικροκυμάτων στον φούρνο μικροκυμάτων σύμφωνα με τις οδηγίες της συσκευασίας.

g) Χρησιμοποιώντας ένα πιρούνι και δουλεύοντας με 1 μπάλα κέικ τη φορά, βυθίστε τη μπάλα σε λιωμένες γκοφρέτες, αφήνοντας την περίσσεια να στάξει πίσω στο μπολ. Τοποθετήστε τη μπάλα σε ένα ταψί στρωμένο με λαδόκολλα και πασπαλίστε αμέσως με την επιθυμητή ποσότητα ψεκασμών ή ζάχαρης λείανσης.

h) Επαναλάβετε με τις υπόλοιπες 15 μπάλες κέικ και τις λιωμένες γκοφρέτες σε ένα μπολ, καθαρίζοντας ένα πιρούνι ανάμεσα σε κάθε ντιπ.

i) Σκουπίστε το μπολ και επαναλάβετε άλλες 2 φορές με τις υπόλοιπες παγωμένες μπάλες κέικ και 2 συσκευασίες γκοφρέτες που λιώνουν και την επιθυμητή ποσότητα ψεκασμού. Ψύξτε μέχρι να είναι έτοιμο για σερβίρισμα.

25. Red Velvet Trifle Cups

Κάνει: 4 μερίδες

ΣΥΣΤΑΤΙΚΑ
- Ψεκασμός ψησίματος
- Συσκευασία 15,25 ουγκιών Red Velvet Cake Mix
- 1 φλιτζάνι βουτυρόγαλα με χαμηλά λιπαρά ή νερό
- 3 αυγά
- ½ φλιτζάνι φυτικό λάδι
- Μείγμα στιγμιαίας πουτίγκας 7 ουγγιές βανίλιας ή cheesecake
- 4 φλιτζάνια πλήρες γάλα
- Χτυπημένο κάλυμμα και τρίμματα σοκολάτας, για το σερβίρισμα

ΟΔΗΓΙΕΣ:
a) Προθερμάνετε το φούρνο στους 350°F.
b) Ψεκάστε ένα ταψί ζελερολ με σπρέι ψησίματος.
c) Ανακατέψτε το μείγμα κέικ, το βουτυρόγαλα ή το νερό, τα αυγά και το λάδι σε ένα μεγάλο μπολ με ένα ηλεκτρικό μίξερ σε χαμηλή ταχύτητα μέχρι να υγρανθούν, περίπου 30 δευτερόλεπτα.
d) Χτυπάμε σε μέτρια ταχύτητα για 2 λεπτά. Ρίξτε στο ταψί.
e) Ψήστε για 15 με 18 λεπτά, μέχρι να βγει καθαρή μια οδοντογλυφίδα στο κέντρο.
f) Ψύξτε το κέικ σε ένα ταψί σε μια σχάρα μέχρι να κρυώσει εντελώς.
g) Χρησιμοποιήστε ένα οδοντωτό μαχαίρι για να σχηματίσετε 120 μικρά τετράγωνα.
h) Ετοιμάστε την πουτίγκα σύμφωνα με τις οδηγίες της συσκευασίας.
i) Τοποθετήστε 10 κύβους κέικ σε ένα ποτήρι σερβιρίσματος και στρώστε ομοιόμορφα με πουτίγκα.
j) Γεμίστε κάθε φλιτζάνι μικροσκοπικό με χτυπημένη επικάλυψη και τρίμματα σοκολάτας.

26. Red Velvet Cheese Ball

Κάνει: 16 μερίδες

ΣΥΣΤΑΤΙΚΑ
- 8 ουγγιές τυρί κρέμα, θερμοκρασία δωματίου
- ½ φλιτζάνι ανάλατο βούτυρο, σε θερμοκρασία δωματίου
- 15,25 ουγγιές κουτί κόκκινο βελούδινο μείγμα κέικ, στεγνό
- ½ φλιτζάνι ζάχαρη άχνη
- 2 κουταλιές της σούπας καστανή ζάχαρη
- ½ φλιτζάνι μίνι κομματάκια σοκολάτας
- μπισκότα βανίλιας/κράκερ Graham, για το σερβίρισμα

ΟΔΗΓΙΕΣ:
a) Στο μπολ του μίξερ με το εξάρτημα κουπιών, χτυπήστε το τυρί κρέμα και το βούτυρο μαζί μέχρι να ομογενοποιηθούν.

b) Προσθέστε το μείγμα του κέικ, τη ζάχαρη άχνη και την καστανή ζάχαρη. Ανακατεύουμε μέχρι να ενσωματωθούν καλά.

c) Ξύστε το μείγμα σε ένα μεγάλο κομμάτι πλαστικής μεμβράνης. Χρησιμοποιήστε το περιτύλιγμα για να διαμορφώσετε το μείγμα σε μπάλα. Βάλτε το στο ψυγείο σε πλαστική μεμβράνη μέχρι να σφίξει αρκετά για να κρατήσει, περίπου 30 λεπτά.

d) Τοποθετήστε τα κομματάκια σοκολάτας σε ένα πιάτο. Ξετυλίξτε την μπάλα τυριού και κυλήστε την σε κομματάκια σοκολάτας.

e) Σερβίρετε με μπισκότα βανίλιας, κράκερ Graham κ.λπ.

27. Red Velvet Cheesecake Brownie Bites

Κάνει: 30 μπουκιές μπράουνι

ΣΥΣΤΑΤΙΚΑ:
ΓΙΑ ΤΑ ΜΠΡΑΟΥΝΙ:
- 8 κουταλιές της σούπας ανάλατο βούτυρο, λιωμένο
- 1 φλιτζάνι ζάχαρη
- ¼ φλιτζάνι σκόνη κακάο χωρίς ζάχαρη
- ½ κουταλάκι του γλυκού εκχύλισμα βανίλιας
- 1 κουταλιά της σούπας κόκκινη χρωστική τροφίμων
- ⅛ κουταλάκι του γλυκού αλάτι
- ½ κουταλάκι του γλυκού λευκό ξύδι
- 2 μεγάλα αυγά, ελαφρά χτυπημένα
- ¾ φλιτζάνι αλεύρι για όλες τις χρήσεις

ΓΙΑ ΤΗ ΓΕΜΙΣΗ ΤΥΡΟΚΕΪΚ:
- Συσκευασία 8 ουγκιών τυρί κρέμα μαλακωμένο
- 3 κουταλιές της σούπας ζάχαρη
- ½ κουταλάκι του γλυκού εκχύλισμα βανίλιας
- 1 μεγάλο κρόκο αυγού

ΟΔΗΓΙΕΣ:

ΦΤΙΑΞΕΤΕ ΤΟ ΜΠΡΑΟΥΝΙ ΜΠΡΑΟΥΝΙ:

a) Προθερμάνετε το φούρνο στους 350ºF. Αλείφουμε ένα ταψί για μίνι μάφιν με μαγειρικό σπρέι.

b) Σε ένα μεγάλο μπολ, ανακατέψτε μαζί το λιωμένο βούτυρο, τη ζάχαρη, τη σκόνη κακάο, το εκχύλισμα βανίλιας, το χρώμα τροφίμων και το αλάτι μέχρι να ενωθούν και στη συνέχεια ανακατέψτε με το λευκό ξύδι.

c) Προσθέστε τα αυγά και ανακατέψτε μέχρι να ενωθούν. Διπλώνουμε το αλεύρι μέχρι να ενωθούν. Αφήνουμε το μείγμα μπράουνι στην άκρη.

ΦΤΙΑΞΕΤΕ ΤΗ γέμιση τσιζκέικ:

d) Στο μπολ του μίξερ με το εξάρτημα κουπιών, χτυπήστε το τυρί κρέμα με τη ζάχαρη, το εκχύλισμα βανίλιας και τον κρόκο αυγού μέχρι να ενωθούν. Μεταφέρετε το μείγμα του cheesecake σε μια σακούλα σωληνώσεων ή σφραγιζόμενη πλαστική σακούλα και κόψτε την άκρη.

e) Χρησιμοποιώντας μια μικρή μεζούρα παγωτού περίπου 1 κουταλιά της σούπας από το κτύπημα μπράουνι σε κάθε πηγάδι του ταψιού για μίνι μάφιν. Απλώστε περίπου 1 κουταλάκι του γλυκού από το μείγμα cheesecake πάνω από το κουρκούτι μπράουνι και, στη συνέχεια, προσθέστε το μείγμα cheesecake με ένα επιπλέον 1 κουταλάκι του γλυκού κουρκούτι μπράουνι. Χρησιμοποιώντας μια οδοντογλυφίδα, ανακατέψτε το μείγμα του μπράουνι και του cheesecake μαζί.

f) Ψήστε τις μπουκιές μπράουνι για περίπου 12 λεπτά ή μέχρι να ψηθεί πλήρως το μείγμα του cheesecake. Βγάζετε τις μπουκιές μπράουνι από το φούρνο και τις αφήνετε να κρυώσουν στο τηγάνι για περίπου 5 λεπτά πριν τις βγάλετε.

28. Поп корн Red Velvet

Κάνει: 8 μερίδες

ΣΥΣΤΑΤΙΚΑ
- 16 φλιτζάνια σκασμένα ποπ κορν
- 3 φλιτζάνια τρίμματα κέικ red velvet
- 20 ουγκιές λευκή σοκολάτα ή λευκή καραμέλα που λιώνει

ΟΔΗΓΙΕΣ
a) Βάλτε τα ποπ κορν χρησιμοποιώντας ένα popper αέρα σε ένα μεγάλο μπολ.
b) Λιώστε τη λευκή σοκολάτα σας σύμφωνα με τις οδηγίες της συσκευασίας. Χρησιμοποιώ διπλό μπόιλερ για λευκή σοκολάτα.
c) Ρίχνουμε τη λιωμένη σοκολάτα πάνω από τα ποπ κορν και ανακατεύουμε να καλυφθούν εντελώς.
d) Αδειάστε το ποπ κορν σε έναν πάγκο με κερωμένο χαρτί και πασπαλίστε με τα κόκκινα βελούδινα τρίμματά σας.
e) Αφήστε το να στεγνώσει εντελώς πριν το φάτε.

29. Red Velvet Rice Krispies

Κάνει: 12 μερίδες

ΣΥΣΤΑΤΙΚΑ
- Μίνι marshmallows 10,5 ουγκιών
- 3 κουταλιές της σούπας βούτυρο
- ½ κουταλάκι του γλυκού
- ¾ φλιτζάνι μείγμα red velvet cake
- 6 φλιτζάνια δημητριακά τραγανού ρυζιού
- ½ κουταλάκι του γλυκού κόκκινο χρώμα τροφίμων προαιρετικά

ΟΔΗΓΙΕΣ
a) Σε μια μεγάλη κατσαρόλα σε μέτρια προς χαμηλή φωτιά λιώνουμε το βούτυρο και τα μίνι marshmallows.

b) Όταν λιώσουν τελείως τα marshmallows, ανακατεύουμε το μείγμα βανίλιας και red velvet cake. Εάν πιστεύετε ότι πρέπει να είναι πιο κόκκινο, προσθέστε χρώμα τροφίμων σε αυτό το σημείο.

c) Αποσύρουμε από τη φωτιά και ανακατεύουμε απαλά τα κρισπιέ ρυζιού μέχρι να επικαλυφθούν ομοιόμορφα.

d) Μόλις ενωθούν όλα μοιράστε ομοιόμορφα ανάμεσα στους δίσκους αφρού.

e) Σκεπάζουμε τους δίσκους με πλαστική μεμβράνη και σερβίρουμε.

30. [Τσιπς από κόκκινο βελούδο](#)

Κάνει: 1

ΣΥΣΤΑΤΙΚΑ:
- 4 μέτρια παντζάρια, ξεπλύνετε και κόψτε σε λεπτές φέτες
- 1 κουταλάκι του γλυκού θαλασσινό αλάτι
- 2 κουταλιές της σούπας ελαιόλαδο
- Χούμους, για το σερβίρισμα

ΟΔΗΓΊΕΣ:
a)   Προθερμάνετε τη φριτέζα αέρα στους 380°F.
b)   Σε ένα μεγάλο μπολ, ρίξτε τα παντζάρια με θαλασσινό αλάτι και ελαιόλαδο μέχρι να καλυφθούν καλά.
c)   Βάλτε τις φέτες παντζαριού στη φριτέζα και απλώστε τις σε μια στρώση.
d)   Τηγανίζουμε για 10 λεπτά. Ανακατεύουμε και στη συνέχεια τηγανίζουμε για άλλα 10 λεπτά. Ανακατέψτε ξανά και στη συνέχεια τηγανίστε για τελευταία 5 έως 10 λεπτά ή μέχρι τα πατατάκια να φτάσουν στην επιθυμητή τραγανότητα.
e)   Σερβίρουμε με ένα αγαπημένο χούμους.

31. Παντζάρια άνηθο & σκόρδο

Φτιάχνει: 2 μερίδες

ΣΥΣΤΑΤΙΚΑ:
- 4 παντζάρια καθαρισμένα, ξεφλουδισμένα και κομμένα σε φέτες
- 1 σκελίδα σκόρδο, ψιλοκομμένη
- 2 κουταλιές της σούπας φρέσκο άνηθο ψιλοκομμένο
- ¼ κουταλάκι του γλυκού αλάτι
- ¼ κουταλάκι του γλυκού μαύρο πιπέρι
- 3 κουταλιές της σούπας ελαιόλαδο

ΟΔΗΓΙΕΣ:
a) Προθερμάνετε τη φριτέζα αέρα στους 380°F.
b) Σε ένα μεγάλο μπολ ανακατεύουμε όλα τα υλικά ώστε τα παντζάρια να καλυφθούν καλά με το λάδι.
c) Ρίξτε το μείγμα τεύτλων στο καλάθι της φριτέζας και ψήστε για 15 λεπτά πριν το ανακατέψετε και μετά συνεχίστε το ψήσιμο για 15 λεπτά ακόμη.

32. Red velvet ορεκτική σαλάτα

Κάνει: 4 μερίδες

ΣΥΣΤΑΤΙΚΑ
- 2 κιλά Παντζάρια
- Αλας
- ½ κάθε ισπανικό κρεμμύδι, κομμένο σε κύβους
- 4 Ντομάτες, ξεφλουδισμένες, ξεσποριασμένες και κομμένες σε κύβους
- 2 κουταλιές της σούπας ξύδι
- 8 κουταλιές της σούπας ελαιόλαδο
- Μαύρες ελιές
- 2 κάθε σκελίδες σκόρδο, ψιλοκομμένες
- 4 κουταλιές της σούπας ιταλικό μαϊντανό, ψιλοκομμένο
- 4 κουταλιές της σούπας κόλιανδρο, ψιλοκομμένο
- 4 μέτριες πατάτες βραστές
- Αλατοπίπερο
- Καυτερή κόκκινη πιπεριά

ΟΔΗΓΙΕΣ:

a) Κόψτε τις άκρες των παντζαριών. Πλένουμε καλά και βράζουμε σε αλατισμένο νερό που βράζει μέχρι να μαλακώσει. Στραγγίστε και αφαιρέστε τα δέρματα κάτω από τρεχούμενο κρύο νερό. Ζάρια.

b) Ανακατεύουμε τα υλικά του ντρέσινγκ.

c) Συνδυάστε τα παντζάρια σε μια σαλατιέρα με το κρεμμύδι, την ντομάτα, τον κόλιανδρο σκόρδου και τον μαϊντανό. Ρίξτε το μισό ντρέσινγκ, ανακατέψτε απαλά και αφήστε το να κρυώσει για 30 λεπτά. Κόβουμε τις πατάτες σε φέτες, τις βάζουμε σε ένα ρηχό μπολ και τις περιχύνουμε με το υπόλοιπο ντρέσινγκ. Ψύχρα.

d) Όταν είναι έτοιμο να συναρμολογηθεί, τοποθετήστε τα παντζάρια, την ντομάτα και το κρεμμύδι στο κέντρο ενός ρηχού μπολ και τοποθετήστε τις πατάτες σε ένα δαχτυλίδι γύρω τους. Γαρνίρουμε με ελιές.

33. Βάρκες με παντζάρια

Κάνει: 6 μερίδες

ΣΥΣΤΑΤΙΚΑ:
- 8 μικρά παντζάρια
- 10 ουγγιές κρέας καβουριού, κονσερβοποιημένο ή φρέσκο
- 2 κουταλάκια του γλυκού ψιλοκομμένο φρέσκο μαϊντανό
- 1 κουταλάκι χυμό λεμονιού

ΟΔΗΓΙΕΣ:
a) Βράζουμε τα παντζάρια στον ατμό για 20-40 λεπτά ή μέχρι να μαλακώσουν. Ξεπλύνετε με κρύο νερό, ξεφλουδίστε και αφήστε το να κρυώσει. Εν τω μεταξύ, ανακατέψτε το κρέας καβουριών, το μαϊντανό και το χυμό λεμονιού.

b) Όταν τα παντζάρια κρυώσουν, κόψτε στη μέση και αφαιρέστε τα κέντρα με ένα μπαλάκι πεπονιού ή ένα κουταλάκι του γλυκού, κάνοντας μια κοιλότητα. Πράγματα με μείγμα καβουριών.

c) Σερβίρετε ως ορεκτικό ή για μεσημεριανό μαζί με τηγανητά χόρτα από παντζάρια.

34. Τηγανίτες κόκκινο βελούδο

Κάνει: 6 μερίδες

ΣΥΣΤΑΤΙΚΑ:
- 2 φλιτζάνια τριμμένα ωμά παντζάρια
- ¼ φλιτζάνι Κρεμμύδι, κομμένο σε κύβους
- ½ φλιτζάνι ψίχουλα ψωμιού
- 1 μεγάλο αυγό, χτυπημένο
- ¼ κουταλάκι του γλυκού Τζίντζερ
- Αλάτι και πιπέρι για να γευτείς

ΟΔΗΓΙΕΣ:

a) Ανακατεύουμε όλα τα υλικά. Απλώστε μερίδες μεγέθους τηγανίτας σε μια ζεστή, λαδωμένη σχάρα.

b) Μαγειρέψτε μέχρι να ροδίσουν, γυρίζοντας μια φορά.

c) Σερβίρετε με βούτυρο, κρέμα γάλακτος, γιαούρτι ή οποιοδήποτε συνδυασμό αυτών.

ΚΥΡΙΟ ΠΙΑΤΟ

35. Σούπα Red Velvet

Κάνει: 2

ΣΥΣΤΑΤΙΚΑ
- ½ φλιτζάνι παντζάρια, κομμένα σε κύβους
- ½ φλιτζάνι καρότο, κομμένο σε κύβους
- ½ φλιτζάνι ντομάτα, κομμένη σε κύβους
- ¼ φλιτζανιού κόκκινες φακές κομμένες και ξεφλουδισμένες
- 1 κρεμμύδι
- 4-5 σκελίδες σκόρδο
- 1 κουταλάκι του γλυκού βούτυρο/γκί
- 1 κουταλιά της σούπας φέτες αμυγδάλου
- 1 κουταλάκι του γλυκού μαύρο πιπέρι σε σκόνη
- για γεύση Αλάτι

ΟΔΗΓΙΕΣ
a) Ζεσταίνουμε το βούτυρο/γκί σε ένα τηγάνι πίεσης και σοτάρουμε το κρεμμύδι και το σκόρδο.
b) Προσθέστε όλα τα λαχανικά και τις πλυμένες φακές και σοτάρετε για λίγο.
c) Προσθέστε ένα φλιτζάνι νερό και μαγειρέψτε το με πίεση.
d) Στη συνέχεια το τρίβουμε σε πουρέ και το περνάμε από σουρωτήρι ή τρυπητό.
e) Προσθέστε ένα ακόμη φλιτζάνι νερό ή περισσότερο ανάλογα με το πάχος που θέλετε.
f) Προσθέστε αλάτι και μαύρο πιπέρι και μαγειρέψτε για 5-7 λεπτά σε χαμηλή φωτιά.

36. Red velvet σαλάτα με παντζάρι και μοτσαρέλα

Κάνει: 4 μερίδες

ΣΥΣΤΑΤΙΚΑ
- ½ κόκκινο λάχανο
- ½ χυμός λάιμ
- 3 κουταλιές της σούπας χυμό παντζάρι
- 3 κουταλιές της σούπας σιρόπι αγαύης
- 3 μαγειρεμένα παντζάρια
- 150 γρ μπαλάκια μοτσαρέλα
- 2 κουταλιές της σούπας σχοινόπρασο ψιλοκομμένο
- 2 κουταλιές της σούπας κουκουνάρι καβουρδισμένο

ΟΔΗΓΙΕΣ
a) Κόβουμε το κόκκινο λάχανο με έναν αποφλοιωτή σε λεπτές κορδόνια.
b) Πάρτε ένα μπολ ανάμειξης και ανακατέψτε το χυμό παντζαριού με 2 κουταλιές της σούπας σιρόπι αγαύης και το χυμό από μισό λάιμ.
c) Ανακατεύουμε με το κόκκινο λάχανο σε φέτες και αφήνουμε να μαριναριστεί για μισή ώρα.
d) Μετά αφήνετε το λάχανο να στραγγίσει σε ένα σουρωτήρι.
e) Από τα μαγειρεμένα κόκκινα παντζάρια, παίρνετε μικρά μπαλάκια με σέσουλα Parisienne.
f) Πασπαλίστε αυτές τις μπάλες με 1 κουταλιά της σούπας σιρόπι αγαύης.
g) Καβουρδίζουμε τα κουκουνάρια σε ένα τηγάνι μέχρι να ροδίσουν. Σε ένα πιάτο βάζουμε το στραγγισμένο κόκκινο λάχανο.
h) Βάλτε τα κόκκινα παντζάρια και τις μπάλες μοτσαρέλας. Μοιράζουμε από πάνω το κουκουνάρι και το ψιλοκομμένο σχοινόπρασο.

37. Red Velvet Chicken Fingers

Κάνει: 12

ΣΥΣΤΑΤΙΚΑ:
- 12 φιλέτα κοτόπουλου
- 1 ½ φλιτζάνι αλεύρι
- Πρέζα αλάτι
- 1 ½ κουταλιά της σούπας μπέικιν πάουντερ
- ¼ φλιτζάνι ζάχαρη άχνη
- 2 κουταλιές της σούπας κακάο σε σκόνη
- 1 ⅔ φλιτζάνια γάλα
- 1 κουταλάκι του γλυκού εκχύλισμα βανίλιας
- 1 ουγγιά κόκκινο χρώμα τροφίμων
- 1 αυγό
- 5 μεγάλα παγάκια
- Επιπλέον αλεύρι
- Λάδι για τηγάνισμα

ΟΔΗΓΙΕΣ:
a) Χτυπάμε πολύ καλά τα υγρά υλικά.
b) Ανακατεύουμε τα ξηρά υλικά.
c) Προσθέστε τον πάγο στα υγρά υλικά και μετά ρίξτε τον στα στεγνά υλικά. Ανακατεύουμε μέχρι να ενωθούν.
d) Πασπαλίστε το κοτόπουλο με αλάτι, ρίξτε το αλεύρι και βουτήξτε στο κουρκούτι.
e) Τηγανίζουμε στους 350°F για 5 λεπτά μέχρι να ψηθεί πλήρως το κοτόπουλο, αναποδογυρίζοντας αν χρειάζεται.
f) Ρυθμίστε να κρυώσει. Αλάτι αμέσως. Σερβίρετε με μουστάρδα μελιού, σάλτσα μπάρμπεκιου ή άλλα προτιμώμενα καρυκεύματα.

38. Red Velvet Burger

Κάνει: 4 μερίδες

ΣΥΣΤΑΤΙΚΑ
- 2-3 κλωναράκια θυμάρι ψιλοκομμένα
- ½ φλιτζάνι χυμό παντζάρι
- 1/2 κύβο φρέσκιας μαγιάς
- 1 αυγό χωρισμένο
- 250 γρ αλεύρι σίτου
- 1 κουταλιά της σούπας ζάχαρη
- περίπου 1 κουταλάκι του γλυκού αλάτι
- 40 γρ βούτυρο μαλακό
- 1 σκελίδα σκόρδο
- 1 κουταλιά της σούπας κάπαρη
- 120 γραμμάρια μαγιονέζας
- πιπέρι από το μύλο
- 4-8 φύλλα μαρουλιού, ξεπλυμένα και στεγνωμένα
- 1 χούφτα φύτρα παντζαριών, ξεπλυμένα και στεγνωμένα
- 500 γρ μοσχαρίσιος κιμάς
- 1 κουταλιά της σούπας ελαιόλαδο
- 1 μίνι αγγούρι, κομμένο σε φέτες

ΟΔΗΓΙΕΣ:

a) Ζεσταίνουμε το χυμό παντζαριού, θρυμματίζουμε στη μαγιά και διαλύουμε ανακατεύοντας.

b) Ζυμώνουμε το μείγμα της μαγιάς, το αλεύρι, τη ζάχαρη, 1⁄2 κουταλάκι του γλυκού αλάτι, το βούτυρο, τα μισά φύλλα θυμαριού και τον κρόκο του αυγού να γίνει μια λεία ζύμη, σκεπάζουμε και αφήνουμε σε ζεστό μέρος να φουσκώσει για 1 ώρα.

c) Ζυμώνουμε τη ζύμη, την πλάθουμε σε 4 επίπεδα ψωμάκια για μπιφτέκια και αφήνουμε να φουσκώσει για άλλα 20 λεπτά.

d) Προθερμαίνουμε τον φούρνο στους 200°C.

e) Αλείφουμε τα ρολά με το ασπράδι, πασπαλίζουμε με το υπόλοιπο θυμάρι και ψήνουμε στο φούρνο για 15-20 λεπτά.

f) Αφήνουμε τα ψωμάκια να κρυώσουν σε μια σχάρα.

g) Για τους αιόλι, ξεφλουδίστε το σκόρδο και ψιλοκόψτε με την κάπαρη.

h) Ανακατεύουμε τη μαγιονέζα με το σκόρδο και την κάπαρη και αλατοπιπερώνουμε.

i) Αλατοπιπερώνουμε τον μοσχαρίσιο κιμά και τον πλάθουμε σε 4 μπιφτέκια, τηγανίζουμε σε γκριλ τηγάνι στο ζεστό λάδι για 4-5 λεπτά από κάθε πλευρά.

j) Ανοίξτε τα ψωμάκια, απλώστε τις κομμένες επιφάνειες και των δύο μισών με το aioli, καλύψτε τις κάτω πλευρές με μαρούλι, μπιφτέκια, φέτες αγγουριού και φύτρα παντζαριών, σκεπάστε με τα πάνω μισά και σερβίρετε.

39. Κόκκινο βελούδινο σκουμπρί με παντζάρια

Κάνει: 4 μερίδες

ΣΥΣΤΑΤΙΚΑ

- 2 ισπανικά σκουμπρί (περίπου 2 λίβρες το καθένα), ξεφλουδισμένα και καθαρισμένα, με αφαιρεμένα βράγχια
- 2¼ φλιτζάνια άλμη μάραθου
- 1 κουταλιά της σούπας ελαιόλαδο
- 1 μέτριο κρεμμύδι, ψιλοκομμένο
- 2 μέτρια παντζάρια, ψητά, βραστά, ψητά ή σε κονσέρβα. ψιλοκομμένο
- 1 μήλο τάρτας, ξεφλουδισμένο, ξεφλουδισμένο και ψιλοκομμένο
- 1 σκελίδα σκόρδο, ψιλοκομμένη
- 1 κουταλιά της σούπας ψιλοκομμένα φρέσκα φύλλα άνηθου ή μάραθου
- 2 κουταλιές της σούπας φρέσκο κατσικίσιο τυρί
- 1 λάιμ, κομμένο σε 8 φέτες

ΟΔΗΓΊΕΣ:

a) Ξεπλύνετε το ψάρι και βάλτε το σε μια σακούλα με φερμουάρ 1 γαλονιού με την άλμη, πιέστε τον αέρα και κλείστε τη σακούλα. Βάζουμε στο ψυγείο για 2 με 6 ώρες.

b) Ζεσταίνουμε το λάδι σε ένα μεγάλο τηγάνι σε μέτρια φωτιά. Προσθέστε τα κρεμμύδια και σοτάρετε μέχρι να μαλακώσουν, περίπου 3 λεπτά. Προσθέστε τα παντζάρια και το μήλο και σοτάρετε μέχρι να μαλακώσει το μήλο, περίπου 4 λεπτά. Ανακατεύουμε το σκόρδο και τον άνηθο και ζεσταίνουμε, περίπου 1 λεπτό. Ψύξτε το μείγμα σε θερμοκρασία δωματίου και προσθέστε το κατσικίσιο τυρί.

c) Εν τω μεταξύ ανάψτε μια σχάρα για άμεση μέτρια φωτιά, περίπου 375¡F.

d) Βγάζουμε τα ψάρια από την άλμη και τα στεγνώνουμε. Πετάξτε την άλμη. Γεμίζουμε τις κοιλότητες του ψαριού με το κρυωμένο μείγμα τεύτλων και μήλου και στερεώνουμε με σπάγκο, αν χρειάζεται.

e) Αλείφουμε τη σχάρα της σχάρας και την αλείφουμε με λάδι. Ψήστε το ψάρι στη σχάρα μέχρι η πέτσα να γίνει τραγανή και το ψάρι να φαίνεται αδιαφανές στην επιφάνεια, αλλά να είναι ακόμα κολλώδες και υγρό στη μέση (130¼F σε ένα θερμόμετρο άμεσης ανάγνωσης), 5 έως 7 λεπτά ανά πλευρά. Βγάζετε το ψάρι σε πιατέλα και σερβίρετε με τις φέτες λάιμ.

40. Ριζότο κόκκινο βελούδο

Κάνει: 4

ΣΥΣΤΑΤΙΚΑ:
- 50 γρ βούτυρο
- 1 κρεμμύδι, ψιλοκομμένο
- 250 γρ ρύζι ριζότο
- 150 ml λευκό κρασί
- 1 λίτρο ζωμός λαχανικών
- 300 γρ μαγειρεμένα παντζάρια
- 1 λεμόνι, ξύσμα και χυμό
- πλατύφυλλος μαϊντανός ένα μικρό ματσάκι, χοντροκομμένο
- 125g μαλακό κατσικίσιο τυρί
- μια χούφτα καρύδια, καβουρδισμένα και ψιλοκομμένα

ΟΔΗΓΊΕΣ:
41. Λιώστε το βούτυρο σε ένα βαθύ τηγάνι και μαγειρέψτε το κρεμμύδι με λίγο καρύκευμα για 10 λεπτά μέχρι να μαλακώσει. Ρίξτε το ρύζι και ανακατέψτε μέχρι να επικαλυφθεί κάθε κόκκος, στη συνέχεια ρίξτε το κρασί και φυσαλίδες για 5 λεπτά.
42. Προσθέστε το ζωμό μια κουτάλα, ενώ ανακατεύετε, προσθέτοντας κι άλλο μόλις απορροφηθεί η προηγούμενη παρτίδα.
43. Εν τω μεταξύ, πάρτε το ½ παντζάρι και χτυπήστε το σε ένα μικρό μπλέντερ μέχρι να ομογενοποιηθεί και ψιλοκόψτε το υπόλοιπο.
44. Μόλις ψηθεί το ρύζι, ανακατεύουμε μέσα από τα σβησμένα και ψιλοκομμένα παντζάρια, το ξύσμα και το χυμό λεμονιού και τον περισσότερο μαϊντανό. Μοιράζουμε στα πιάτα και ρίχνουμε από πάνω μια θρυμματισμένη κατσικίσιο τυρί, τα καρύδια και τον υπόλοιπο μαϊντανό.

45. κόκκινο βελούδοΡυθμιστικά

Κάνει: 4 μερίδες

ΣΥΣΤΑΤΙΚΑ:
ΤΥΓΛΑ
- 1 σκελίδα σκόρδο, ελαφρώς λιωμένη και ξεφλουδισμένη
- 2 καρότα καθαρισμένα, κομμένα
- Ρίξε αλάτι και πιπέρι
- 1 κρεμμύδι, ξεφλουδισμένο και κομμένο στα τέσσερα
- 4 παντζάρια
- 1 κουταλιά της σούπας σπόροι κύμινο
- 2 κοτσάνια σέλινο ξεπλυμένα, κομμένα

ΣΑΛΤΣΑ:
- ½ φλιτζάνι μαγιονέζα
- ⅓ φλιτζάνι βουτυρόγαλα
- ½ φλιτζάνι ψιλοκομμένο μαϊντανό, σχοινόπρασο, εστραγκόν ή θυμάρι
- 1 κουταλιά της σούπας χυμό λεμονιού φρεσκοστυμμένο
- 1 κουταλάκι του γλυκού πάστα γαύρου
- 1 σκελίδα σκόρδο ψιλοκομμένη
- Αλάτι πιπέρι

ΕΠΙΚΑΛΥΨΗ:
- Ψωμάκια slider
- 1 κόκκινο κρεμμύδι σε λεπτές φέτες
- Χούφτα Μικτά μικροπράσινα

ΟΔΗΓΙΕΣ:

ΣΑΛΤΣΑ

a) Συνδυάστε βουτυρόγαλα, βότανα, μαγιονέζα, χυμό λεμονιού, πάστα γαύρου, σκόρδο, αλάτι και πιπέρι.

ΤΥΓΛΑ

b) Σε ολλανδικό φούρνο βράζουμε τα παντζάρια, το σέλινο, τα καρότα, τα κρεμμύδια, το σκόρδο, τους σπόρους του κύμινο, αλάτι και πιπέρι για 55 λεπτά.

c) Καθαρίζουμε τα παντζάρια και τα κόβουμε σε φέτες.

d) Σοτάρετε τις φέτες παντζαριού για 3 λεπτά από κάθε πλευρά σε ένα τηγάνι με επικάλυψη με σπρέι.

ΝΑ ΣΥΝΑΡΜΟΛΟΓΗΣΟΥΝ

e) Τοποθετήστε τα ψωμάκια με slider σε ένα πιάτο και από πάνω τους προσθέστε παντζάρι, βινεγκρέτ, κόκκινα κρεμμύδια και μικροπράσινα.

f) Απολαμβάνω.

46. Γαρίδες με Αμάρανθο & Κατσικίσιο Τυρί

Κάνει: 4

ΣΥΣΤΑΤΙΚΑ:

- 2 Παντζάρια σπειροειδή
- 4 ουγκιές κατσικίσιο τυρί μαλακωμένο
- ½ φλιτζάνι Μικροπράσινα ρόκα Ελαφρά ψιλοκομμένη
- ½ φλιτζάνι Μικροπράσινα Amaranth Ψιλοκομμένα ελαφρά
- 1 κιλό Γαρίδες
- 1 φλιτζάνι καρύδια ψιλοκομμένα
- ¼ φλιτζάνι ακατέργαστη ζάχαρη από ζαχαροκάλαμο
- 1 κουταλιά της σούπας Βούτυρο
- 2 κουταλιές της σούπας Εξαιρετικό Παρθένο Ελαιόλαδο

ΟΔΗΓΙΕΣ:

a) Αφήστε το κατσικίσιο τυρί να μαλακώσει για 30 λεπτά πριν ξεκινήσετε τις προετοιμασίες.
b) Προθερμαίνουμε τον φούρνο στους 375 βαθμούς
c) Ζεσταίνουμε ένα τηγάνι σε μέτρια φωτιά.
d) Προσθέτουμε στο τηγάνι τα καρύδια, τη ζάχαρη και το βούτυρο και ανακατεύουμε συχνά σε μέτρια φωτιά.
e) Ανακατεύουμε συνεχώς μόλις αρχίσει να λιώνει η ζάχαρη.
f) Μόλις επικαλυφθούν τα καρύδια, τα μεταφέρετε αμέσως σε ένα φύλλο λαδόκολλας και χωρίστε τα καρύδια για να μην σκληρύνουν κολλημένα μεταξύ τους. Αφήνω στην άκρη
g) Κόψτε τα παντζάρια σε σπείρες.
h) Ρίξτε σπείρες με ελαιόλαδο και θαλασσινό αλάτι.
i) Απλώστε τα παντζάρια σε μια λαμαρίνα και ψήστε στο φούρνο για 20 - 25 λεπτά.
j) Ξεπλύνετε τις γαρίδες και τις προσθέστε σε μια κατσαρόλα.

k) Γεμίζουμε ένα τηγάνι με νερό και θαλασσινό αλάτι. Αφήστε να πάρει μια βράση.
l) Στραγγίστε το νερό και βάλτε το σε παγόλουτρο για να σταματήσει το μαγείρεμα.
m) Κόψτε και ψιλοκόψτε τα μικροπράσινα ρόκα. Αφήνω στην άκρη.
n) Προσθέστε microgreens στο μαλακωμένο τυρί, αφήνοντας στην άκρη μερικές πρέζες από κάθε microgreen.
o) Ανακατέψτε τα μικροπράσινα και το τυρί.
p) Ξύστε το μείγμα του τυριού σε μια μπάλα.
q) Παντζάρια στο πιάτο.
r) Προσθέστε μια κουταλιά τυρί πάνω από τα παντζάρια.
s) Τοποθετούμε καρύδια γύρω από το πιάτο.
t) Προσθέστε τις γαρίδες και πασπαλίστε με τα υπόλοιπα μικροπράσινα, αλάτι και τριμμένο πιπέρι.

47. Ψητά χτένια και λάχανο με φρέσκια σάλτσα παντζαριού

Κάνει: 4 μερίδες

ΣΥΣΤΑΤΙΚΑ:
- 1 ¼ φλιτζάνι φρέσκος χυμός τεύτλων
- Φρουτώδες ελαιόλαδο
- 1 κουταλάκι του γλυκού ξύδι από λευκό κρασί
- Αλάτι kosher; να δοκιμάσω
- Φρεσκοτριμμένο μαύρο πιπέρι? να δοκιμάσω
- 1¼ κιλό Φρέσκα χτένια θάλασσας
- Μερικές σταγόνες φρέσκο χυμό λεμονιού
- 1 κιλό Νεαρά φύλλα λαχανίδας. αφαιρέθηκε ο σκληρός κεντρικός πυρήνας
- Λίγες σταγόνες ξύδι Sherry
- Φρέσκο σχοινόπρασο? κομμένο σε ξυλάκια
- Μικρά κυβάκια κίτρινης πιπεριάς

ΟΔΗΓΙΕΣ:

a) Τοποθετήστε το χυμό τεύτλων σε μια κατσαρόλα που δεν αντιδρά και βράστε μέχρι να μειωθεί σε περίπου ½ φλιτζάνι.

b) Εκτός φωτιάς, χτυπήστε 2 με 3 κουταλιές της σούπας ελαιόλαδο σιγά-σιγά μέχρι να πήξει η σάλτσα. Χτυπάμε με το ξύδι από λευκό κρασί, το αλάτι και το πιπέρι για γεύση. Αφήνουμε στην άκρη και κρατάμε ζεστό.

c) Λαδώνουμε ελαφρά τα χτένια και αλατοπιπερώνουμε και λίγες σταγόνες χυμό λεμονιού.

d) Αλείφουμε τα φύλλα του λάχανου με λάδι και τα αλατοπιπερώνουμε ελαφρά. Ψήστε το λάχανο στο γκριλ και από τις δύο πλευρές μέχρι τα φύλλα να απανθρακωθούν ελαφρώς και να ψηθούν.

e) Ψήστε τα χτένια μέχρι να ψηθούν (το κέντρο πρέπει να είναι ελαφρώς αδιαφανή). Τοποθετήστε ελκυστικά το λάχανο στο κέντρο των ζεστών πιάτων και περιχύστε το με μερικές σταγόνες ξύδι σέρι.

f) Τοποθετήστε τα χτένια από πάνω και ρίξτε τη σάλτσα παντζαριού τριγύρω. Γαρνίρουμε με ξυλάκια σχοινόπρασο και κίτρινη πιπεριά και σερβίρουμε αμέσως.

ΣΟΥΠΑ

48. Παντζάρι Borscht

Φτιάχνει: 2 μερίδες

ΣΥΣΤΑΤΙΚΑ:
- 1 κουτί ολόκληρα παντζάρια
- 4 φλιτζάνια νερό
- 1 ολόκληρο κρεμμύδι, ξεφλουδισμένο
- άλας
- 2 γεμάτες κουταλιές της σούπας ζάχαρη
- ¼-½ κουταλάκι του γλυκού ξινό αλάτι

ΟΔΗΓΙΕΣ:

a) Σιγοβράζουμε το κρεμμύδι σε νερό για 10 λεπτά. Προσθέστε τριμμένα (τριμμένα) παντζάρια με το χυμό και όλα τα άλλα υλικά.

b) Σιγοβράζουμε για 5 λεπτά. περισσότερο.

c) Δοκιμάστε και προσαρμόστε τα καρυκεύματα.

d) Σερβίρετε ζεστό ή κρύο.

49. Σούπα με λάχανο και παντζάρια

Κάνει: 8 μερίδες

ΣΥΣΤΑΤΙΚΑ:
- 1 Med Λάχανο; κομμένο σε φέτες ή σφήνα
- 3 Σκόρδο? γαρίφαλο ψιλοκομμένο
- Παντζάρι; δέσμη
- 3 Καρότο? λίγοι
- 1 Lg κρεμμύδι
- 2 σέλινο? κοτσάνια κομμένα στα 3
- 3 λίβρες κόκκαλο? κρέας/κόκαλα μυελού
- 2 Λεμόνι
- 2 κονσέρβες Ντομάτες? μην στραγγίζετε

ΟΔΗΓΙΕΣ:
a) Βάλτε το κρέας και τα κόκαλα σε μια κατσαρόλα 8 ή 12 qt. Βάζουμε σε κονσέρβες ντομάτες, σκεπάζουμε με νερό και αφήνουμε να βράσουν.
b) Στο μεταξύ, ετοιμάστε τα λαχανικά σας. Κόψτε σε φέτες παντζάρια και καρότα, άλλα ολόκληρα. Όταν βράσει ο ζωμός, ξαφρίζουμε την κορυφή.
c) Βάλτε τα παντζάρια, τα καρότα, το σκόρδο και άλλα λαχανικά. Χαμηλώνουμε τη φωτιά σε μια βράση και κρατάμε το καπάκι λοξό.
d) Μετά από περίπου μία ώρα, βάλτε το σκόρδο και τη ζάχαρη.

50. [Σούπα με παντζάρια και βουτυρόγαλα](#)

Κάνει: 6 μερίδες

ΣΥΣΤΑΤΙΚΑ:
- 5 Παντζάρια
- 3 φλιτζάνια Βουτυρόγαλα
- ¾ φλιτζάνι ψιλοκομμένα φρέσκα κρεμμυδάκια
- ⅔ φλιτζάνι ελαφριά κρέμα γάλακτος
- 2 κουταλιές της σούπας ψιλοκομμένο φρέσκο άνηθο ή κόλιανδρο
- 1 ½ κουταλάκι του γλυκού κρυσταλλική ζάχαρη
- 1 ½ κουταλάκι του γλυκού λευκό ξύδι
- ¼ κουταλάκι του γλυκού Αλάτι
- 1 φλιτζάνι αγγούρι? (σε κύβους χωρίς ξεφλούδισμα)
- Κλαδιά φρέσκου άνηθου ή κόλιανδρου

ΟΔΗΓΙΕΣ:

a) Σε μια κατσαρόλα με αλατισμένο νερό που βράζει, σκεπάστε και μαγειρέψτε τα παντζάρια μέχρι να μαλακώσουν και να ξεκολλήσουν εύκολα η φλούδα τους για περίπου 25 λεπτά. Στραγγίζουμε και αφήνουμε να κρυώσουν. ξεφλουδίστε από το δέρμα και κόψτε σε κύβους ¼ ίντσας (5 mm). Σκεπάζουμε και βάζουμε στο ψυγείο μέχρι να κρυώσει.

b) Σε ένα μεγάλο μπολ, χτυπήστε ελαφρά το βουτυρόγαλα, ½ φλιτζάνι (125 mL) κρεμμύδια, την κρέμα γάλακτος, τον άνηθο, τη ζάχαρη, το ξύδι και το αλάτι. Σκεπάζουμε και βάζουμε στο ψυγείο μέχρι να κρυώσει ή για έως και 6 ώρες. Δοκιμάστε και προσαρμόστε τα καρυκεύματα.

c) Ρίξτε το μείγμα βουτυρόγαλου σε μπολ σερβιρίσματος. Στροβιλίστε σε παντζάρια και αγγούρι.

d) Γαρνίρουμε με τα υπόλοιπα φρέσκα κρεμμυδάκια και τα κλωναράκια άνηθου ή κόλιανδρου.

51. Κάρυ παντζαριού

Κάνει: 4 μερίδες

ΣΥΣΤΑΤΙΚΑ:
- 3 κουταλιές της σούπας Ghee
- 1 πρέζα σπόρους κύμινου
- 1 κάθε φύλλο δάφνης
- 2½ κουταλιές της σούπας κρεμμύδι σε φέτες
- ¼ κουταλάκι του γλυκού καγιέν
- ¼ κουταλάκι του γλυκού Garam masala
- 1 μέτρια πατάτα κομμένη σε κύβους
- ½ φλιτζάνι αρακά
- 15 ουγγιές παντζάρια, μαγειρεμένα και κομμένα σε κύβους
- ½ κουταλάκι του γλυκού Αλάτι

ΟΔΗΓΊΕΣ:
a) Ζεσταίνουμε το ghee και τηγανίζουμε τους σπόρους κύμινου, τη δάφνη, το καρυκευμένο κρεμμύδι, το καγιέν και το garam masala για 1 λεπτό.

b) Προσθέστε την πατάτα, τον αρακά και τα παντζάρια και μαγειρέψτε απαλά για 2 λεπτά. Προσθέστε αλάτι & λίγο νερό.

c) Μαγειρέψτε απαλά μέχρι να μαλακώσει η πατάτα.

d) Σερβίρουμε πάνω από ρύζι.

52. Κρέμα σούπας από παντζάρια

Κάνει: 6 μερίδες

ΣΥΣΤΑΤΙΚΑ:
- 1 κιλό Παντζάρια, ξεφλουδισμένα και χοντροκομμένα (περίπου 3 μέτρια)
- 1 μεγάλο κρεμμύδι, χοντροκομμένο
- 1 κλωναράκι φρέσκιας μαντζουράνας Ή
- 1 κουταλάκι του γλυκού ξερό φρέσκο θυμάρι ψιλοκομμένο
- 3 κουταλιές της σούπας ανάλατο βούτυρο
- 1 λίτρο ζωμός κοτόπουλου ή λαχανικών
- ½ φλιτζάνι βαριά κρέμα
- 2 κουταλιές της σούπας ξύδι από καλό κόκκινο κρασί
- Αλας
- Πιπέρι
- ½ φλιτζάνι κρέμα γάλακτος βαριά, ελαφρά χτυπημένη
- Μικρά κρουτόν
- ¼ φλιτζάνι ψιλοκομμένα φρέσκα μυρωδικά, όπως άνηθο ή μαντζουράνα

ΟΔΗΓΙΕΣ:

a) Μαγειρέψτε τα παντζάρια, το κρεμμύδι και τη μαντζουράνα σε βούτυρο σε μια κατσαρόλα 4 λίτρων σε μέτρια φωτιά μέχρι το κρεμμύδι να αρχίσει να μαλακώνει ελαφρώς, περίπου 10 λεπτά. Προσθέτουμε το ζωμό, σκεπάζουμε εν μέρει την κατσαρόλα και σιγοβράζουμε για περίπου 30 λεπτά, μέχρι να μαλακώσουν εντελώς τα παντζάρια.

b) Ελέγξτε τα προσπαθώντας να συνθλίψετε ένα στο πλάι της κατσαρόλας με μια ξύλινη κουτάλα. Σιγοβράζουμε περισσότερο αν χρειάζεται.

c) Κάντε πουρέ τη σούπα σε μπλέντερ ή επεξεργαστή τροφίμων. Αν θέλετε η σούπα να έχει πιο λεία υφή, στραγγίστε τη μέσα από ένα σουρωτήρι με μεσαίο πλέγμα. Προσθέστε κρέμα ή ξύδι και ξαναβράστε τη σούπα. Αλατοπιπερώνουμε.

d) Για να σερβίρετε, βάλτε τα σε μπολ και γαρνίρετε με σαντιγί, κρουτόν και μυρωδικά ή σερβίρετε τις γαρνιτούρες ξεχωριστά και αφήστε τα εστιατόρια να βοηθήσουν.

53. Σούπα με σπανάκι και παντζάρια

Κάνει: 8 μερίδες

ΣΥΣΤΑΤΙΚΑ:
- ½ φλιτζάνι Ρεβύθια
- 2 φλιτζάνια σπανάκι? ψιλοκομμένο
- 1 φλιτζάνι φασόλια
- 1 φλιτζάνι φρέσκο ζιζάνιο άνηθου -ή-
- ¼ φλιτζάνι αποξηραμένο ζιζάνιο άνηθου
- 1 φλιτζάνι Φακές
- 4 Παντζάρια? ξεφλουδισμένα & κομμένα σε κύβους μικρά
- 1 μεγάλο κρεμμύδι? ψιλοκομμένο (έως)
- 2 κουταλιές της σούπας αλεύρι (έως)
- 2 κόκαλα σούπας. προαιρετικός
- Τηγανητά κρεμμύδια & φύλλα μέντας (για γαρνίρισμα)
- Αλάτι & πιπέρι για γεύση
- Λάδι για τηγάνισμα (έως)
- 8 φλιτζάνια Νερό

ΟΔΗΓΙΕΣ:

a) Μουλιάζουμε τα ρεβίθια και τα φασόλια για 2 ώρες ή όλη τη νύχτα. Μαγειρέψτε τις φακές σε 1-2 φλιτζάνια νερό μέχρι να μαλακώσουν αλλά να μην χυλώσουν και αφήστε τις στην άκρη.

b) Ροδίζουμε τα κόκαλα και τα κρεμμύδια σε λάδι σε ένα μεγάλο μπρίκι. Αλατοπιπερώστε κατά βούληση και προσθέστε νερό, τα ρεβίθια, τα φασόλια και τα παντζάρια. Μαγειρέψτε μέχρι να μαλακώσουν τα ρεβίθια.

c) Αφαιρέστε τα κόκαλα και προσθέστε σπανάκι, άνηθο και φακές. Ανακατεύετε κατά διαστήματα. Εν τω μεταξύ ροδίζουμε το αλεύρι σε λίγο λάδι και το προσθέτουμε στη σούπα να πήξει.

d) Βάζουμε τη σούπα σε χαμηλή φωτιά και ανακατεύουμε συχνά μέχρι να γίνει. Σερβίρουμε σε μπολ και γαρνίρουμε με τηγανητό κρεμμύδι ή με αποξηραμένα φύλλα μέντας που έχουν προστεθεί σε καυτό λάδι.

54. Red velvet σούπα

Φτιάχνει: 2 μερίδες

ΣΥΣΤΑΤΙΚΑ:
- 1 μεγάλο παντζάρι
- 1 φλιτζάνι νερό
- 2 πρέζες κύμινο σε σκόνη
- 2 πρέζες πιπέρι
- 1 πρέζα κανέλα
- 4 πρέζες αλάτι
- Στύψιμο λεμονιού
- ½ κουταλιά της σούπας γκι

ΟΔΗΓΙΕΣ:
a) Βράζουμε τα παντζάρια και μετά ξεφλουδίζουμε.

b) Ανακατεύουμε με το νερό και φιλτράρουμε αν θέλουμε.

c) Βράζουμε το μείγμα και προσθέτουμε τα υπόλοιπα υλικά και σερβίρουμε.

ΣΑΛΑΤΕΣ

55. Παντζάρια με γκρεμολάτα πορτοκαλιού

Κάνει: 12 μερίδες

ΣΥΣΤΑΤΙΚΆ:
- 3 χρυσά παντζάρια κομμένα
- 2 κουταλιές της σούπας χυμό λάιμ
- 1 κουταλάκι του γλυκού ξύσμα πορτοκαλιού
- 2 κουταλιές της σούπας ηλιόσπορο
- 1 κουταλιά της σούπας μαϊντανός ψιλοκομμένος
- 3 κουταλιές της σούπας κατσικίσιο τυρί
- 1 κουταλιά της σούπας κιμά φασκόμηλο
- 2 κουταλιές της σούπας χυμό πορτοκαλιού
- 1 σκελίδα σκόρδο, ψιλοκομμένη

ΟΔΗΓΊΕΣ:
a) Προθερμάνετε τη φριτέζα αέρα στους 400. Διπλώστε αλουμινόχαρτο βαρέως τύπου γύρω από τα παντζάρια και τοποθετήστε τα σε ένα δίσκο στο καλάθι της φριτέζας.

b) Μαγειρέψτε μέχρι να μαλακώσει, 50 λεπτά. Καθαρίζουμε, κόβουμε στη μέση και κόβουμε σε φέτες τα παντζάρια. τοποθετήστε σε ένα μπολ.

c) Προσθέστε χυμό λάιμ, χυμό πορτοκαλιού και αλάτι.

d) Πασπαλίζουμε με μαϊντανό, φασκόμηλο, σκόρδο και ξύσμα πορτοκαλιού και από πάνω ρίχνουμε κατσικίσιο τυρί και ηλιόσπορο.

56. Παντζάρια με πράσινα και ψιλοκομμένα βερίκοκα

Κάνει: 4 μερίδες

ΣΥΣΤΑΤΙΚΑ:
- 1 μέτριο ματσάκι παντζάρια με χόρτα
- 1/3 φλιτζάνι φρέσκο χυμό λεμονιού
- 2 κουταλιές της σούπας καστανή ζάχαρη
- ½ φλιτζάνι αποξηραμένα βερίκοκα
- Αλάτι και φρεσκοτριμμένο μαύρο πιπέρι

ΟΔΗΓΊΕΣ:
a) Προθερμάνετε το φούρνο στους 400°F. Αφαιρούμε τα χόρτα από τα παντζάρια και τα πλένουμε καλά και τα κόβουμε σταυρωτά σε λωρίδες πλάτους ½ ίντσας. Αφήνω στην άκρη. Τρίψτε καλά τα παντζάρια.
b) Τυλίξτε τα παντζάρια σφιχτά σε αλουμινόχαρτο και ψήστε μέχρι να μαλακώσουν, περίπου 1 ώρα.
c) Ενώ ψήνονται τα παντζάρια, τοποθετήστε τα βερίκοκα σε ένα μικρό θερμαινόμενο μπολ και καλύψτε τα με βραστό νερό να μαλακώσουν για περίπου 10 λεπτά. Στραγγίζουμε και κόβουμε σε λεπτές φέτες και αφήνουμε στην άκρη.
d) Όταν ψηθούν τα παντζάρια τα ξετυλίγετε και τα αφήνετε στην άκρη να κρυώσουν. Όταν κρυώσει αρκετά, ξεφλουδίστε τα παντζάρια και κόψτε τα σε φέτες πάχους 1/4 ίντσας και αφήστε τα στην άκρη.
e) Σε μια μικρή κατσαρόλα, συνδυάστε το χυμό λεμονιού, τη ζάχαρη και τα βερίκοκα κομμένα σε φέτες και αφήστε τα να βράσουν. Χαμηλώνουμε τη φωτιά στο χαμηλό και σιγοβράζουμε για 5 λεπτά. Αφήνω στην άκρη.

f) Τοποθετήστε τα κρατημένα χόρτα σε ένα τηγάνι με 2 κουταλιές της σούπας νερό. Σκεπάζουμε και αφήνουμε να πάρει μια βράση, στη συνέχεια χαμηλώνουμε τη φωτιά σε μέτρια και μαγειρεύουμε μέχρι να μαραθούν τα χόρτα και να εξατμιστούν τα υγρά για περίπου 2 λεπτά. Ανακατεύουμε το μείγμα βερίκοκου-λεμονιού στα χόρτα και αλατοπιπερώνουμε για γεύση.
Προσθέστε τις φέτες παντζαριού και μαγειρέψτε μέχρι να ζεσταθούν για περίπου 3 λεπτά. Σερβίρετε αμέσως.

57. Παντζαροσαλάτα μάραθο

Φτιάχνει: 2 μερίδες

ΣΥΣΤΑΤΙΚΑ:
- 3 φλιτζάνια χόρτα ψιλοκομμένα
- ¼ βολβός μάραθο, κομμένο σε λεπτές φέτες
- ½ φλιτζάνι ψιλοκομμένες μπουκίτσες μπρόκολου
- ½ φλιτζάνι ψιλοκομμένα παντζάρια
- 1 με 2 κουταλιές της σούπας έξτρα παρθένο ελαιόλαδο
- Χυμό από ½ λεμόνι

ΟΔΗΓΙΕΣ:

a) Σε ένα μεγάλο μπολ ανακατεύουμε τα χόρτα, το μάραθο, το μπρόκολο και τα παντζάρια.

b) Περιχύνουμε με ελαιόλαδο και χυμό λεμονιού.

58. Παντζαροσαλάτα με φουντούκια

Φτιάχνει: 2 μερίδες

ΣΥΣΤΑΤΙΚΑ:
- 2 φλιτζάνια baby σπανάκι
- ½ αβοκάντο, κομμένο σε κύβους
- 1 φλιτζάνι παντζάρια, κομμένα σε κύβους
- ¼ φλιτζάνι φουντούκια
- 2 κουταλιές της σούπας εξαιρετικό παρθένο ελαιόλαδο
- 1 κουταλιά της σούπας ξύδι βαλσάμικο

ΟΔΗΓΙΕΣ:

a) Σε ένα μπολ βάζουμε το σπανάκι, το αβοκάντο, τα παντζάρια και τα φουντούκια. Ντύστε με λάδι και ξύδι.

b) Πετάξτε και απολαύστε.

59. Σαλάτα με παντζάρια και ντομάτα

Φτιάχνει: 2 μερίδες

ΣΥΣΤΑΤΙΚΑ:
- ½ φλιτζάνι φρέσκες ντομάτες – ψιλοκομμένες
- ½ φλιτζάνι μαγειρεμένο παντζάρι – ψιλοκομμένο
- 1 κουταλιά της σούπας φυτικό λάδι
- ¼ κουταλιές της σούπας σπόρους μουστάρδας
- ¼ κουταλιές της σούπας σπόρους κύμινου
- Πρέζα κουρκουμά
- 2 πρέζες asafoetida
- 4 φύλλα κάρυ
- Αλάτι για γεύση
- Ζάχαρη για γεύση
- 2 κουταλιές της σούπας φιστίκι σε σκόνη
- Φρεσκοκομμένα φύλλα κόλιανδρου

ΟΔΗΓΙΕΣ:

a) Ζεσταίνουμε το λάδι πριν προσθέσουμε τους σπόρους μουστάρδας.

b) Όταν αρχίσουν να σκάνε, προσθέστε το κύμινο, τον κουρκουμά, τα φύλλα κάρυ και την ασαφοετίδα.

c) Ανακατέψτε τα παντζάρια και την ντομάτα με το μείγμα μπαχαρικών, τη σκόνη φιστικιού, το αλάτι, τη ζάχαρη και τα φύλλα κόλιανδρου για γεύση.

60. Ανάμικτη πράσινη σαλάτα με παντζάρια

Κάνει: 4 μερίδες

ΣΥΣΤΑΤΙΚΑ:
a) 2 μέτρια παντζάρια, κομμένα πάνω
b) 2 κουταλιές της σούπας χυμός πορτοκαλιού ενισχυμένος με ασβέστιο
c) 1 ½ κουταλάκι του γλυκού μέλι
d) ⅛ κουταλάκι του γλυκού αλάτι
e) ⅛ κουταλάκι του γλυκού μαύρο πιπέρι
f) ¼ φλιτζάνι ελαιόλαδο
g) 2 κουταλιές της σούπας ωμούς, ξεφλουδισμένους ηλιόσπορους
h) 1 πορτοκάλι, κομμένο σε φέτες
i) 3 φλιτζάνια συσκευασμένα ανάμεικτα χόρτα σαλάτας
j) ¼ φλιτζάνι τυρί φέτα με μειωμένα λιπαρά, θρυμματισμένη

ΟΔΗΓΙΕΣ:

- Σε μια μέτρια κατσαρόλα σκεπάζουμε τα παντζάρια με νερό. Αφήστε να πάρει μια βράση, στη συνέχεια χαμηλώστε σε χαμηλή φωτιά.
- Μαγειρέψτε για 20-30 λεπτά, ή μέχρι να μαλακώσει το πιρούνι, σκεπασμένο. Τα παντζάρια πρέπει να στραγγίζονται.
- Όταν τα παντζάρια κρυώσουν αρκετά για να τα χειριστούν, ξεφλουδίστε τα κάτω από τρεχούμενο νερό και κόψτε τα σε φέτες.
- Στο μεταξύ, ανακατεύουμε σε ένα βάζο το χυμό πορτοκαλιού, το μέλι, το σκόρδο, το αλάτι και το πιπέρι.
- Ανακινήστε με το ελαιόλαδο μέχρι να γίνει λείο το ντρέσινγκ. Αφαιρέστε από την εξίσωση.
- Σε ένα μικρό τηγάνι λιώνουμε το βούτυρο σε μέτρια προς χαμηλή φωτιά.
- Σε ένα στεγνό τηγάνι σοτάρετε τους ηλιόσπορους για 2-3 λεπτά ή μέχρι να αρωματιστούν.
- Ρίξτε παντζάρια, ηλιόσπορους, κομμάτια πορτοκαλιού, ανάμεικτα χόρτα και φέτα σε ένα μεγάλο μπολ σερβιρίσματος.

61. Σαλάτα με παντζάρια και φιστίκια

Φτιάχνει: 2 μερίδες

ΣΥΣΤΑΤΙΚΑ:
- 2 μικρά ματσάκια παντζάρια ουράνιο τόξο, κομμένα
- Λάδι Canola για παντζάρια

ΕΛΑΙΟΛΑΔΟ ΒΑΣΙΛΟΛΕΜΟΝΙ:
- 2 φλιτζάνια βασιλικό χαλαρά συσκευασμένος
- λιγοστό ¼ φλιτζάνι ελαιόλαδο
- ½ χυμό από ένα λεμόνι
- πρέζα αλάτι kosher
- 1 κουταλιά της σούπας φιστίκια Αιγίνης ψιλοκομμένα
- 1 φλιτζάνι Micro Greens
- Αλάτι εσπεριδοειδών – προαιρετικό

ΟΔΗΓΙΕΣ:
a) Ρίξτε τα παντζάρια με 1-2 κουταλιές της σούπας λάδι canola μέχρι να επικαλυφθούν απαλά.
b) Τοποθετήστε τα παντζάρια σε ένα φύλλο ψησίματος με στεφάνη, καλύψτε με αλουμινόχαρτο και ψήστε στη σχάρα για 30-45 λεπτά ή μέχρι να μαλακώσουν και να ροδίσουν.
c) Αφαιρούμε τις φλούδες από τα παντζάρια και τα πετάμε.
d) Για να φτιάξετε το ελαιόλαδο βασιλικού, χτυπήστε όλα τα υλικά στο μπλέντερ μέχρι να ομογενοποιηθούν.
e) Ρίξτε μια μικρή ποσότητα ελαιολάδου βασιλικού στον πάτο δύο μικρών πιάτων.
f) Σε κάθε πιάτο, σκορπίστε ένα μικρό αριθμό μικροπράσινων, τα μισά παντζάρια, αλάτι από βότανα εσπεριδοειδών και φιστίκια Αιγίνης.
g) Τοποθετήστε τα υπόλοιπα μικροχόρτα πάνω από κάθε πιάτο.

62. Ροζ κόκκινη βελούδινη σαλάτα

Φτιάχνει: 2 μερίδες

ΣΥΣΤΑΤΙΚΑ
ΣΑΛΑΤΑ
- 4 ολόκληρα καρότα
- ⅓ μέτριο κόκκινο κρεμμύδι, ψιλοκομμένο
- 1 μεγάλο παντζάρι
- 1 ροζ γκρέιπφρουτ, κομμένο
- 1 χούφτα φιστίκια Αιγίνης χοντροκομμένα

ΛΑΔΟΞΙΔΟ
- ½ φλιτζάνι ελαιόλαδο
- ¼ φλιτζάνι ξύδι από κρασί ρυζιού
- 1 κουταλάκι του γλυκού μουστάρδα
- 1 κουταλάκι του γλυκού σιρόπι σφενδάμου
- 1-2 σκελίδες σκόρδο, ψιλοκομμένες
- Αλάτι και πιπέρι για να γευτείς

ΟΔΗΓΙΕΣ:

- Κόψτε τα παντζάρια σας σε μέτριες φέτες και βάλτε τα σε ένα δοχείο που μπορεί να φούρνο μικροκυμάτων, καλύψτε τα και βάλτε τα μέχρι να μαλακώσουν. Το δικό μου πήρε 6 ½ λεπτά. Επιλέγω να μην ξεφλουδίσω το δικό μου γιατί δεν με πειράζει το δέρμα αλλά κάνε αυτό που σου αρέσει.
- Χρησιμοποιώντας έναν αποφλοιωτή καρότου ξυρίστε μακριές λωρίδες από κάθε καρότο μέχρι να φτάσετε στον πυρήνα και να μην μπορείτε να ξυριστείτε άλλο. Αποθηκεύστε τους πυρήνες για να τους μασουλήσετε αργότερα.
- Σε ένα μεγάλο μπολ, τοποθετήστε όλα τα υλικά της σαλάτας σας εκτός από τα φιστίκια Αιγίνης.
- Σε ένα άλλο μπολ βάζετε όλα τα υλικά του ντρέσινγκ και χτυπάτε μέχρι να γαλακτωματοποιηθούν.
- Όταν είστε έτοιμοι να σερβίρετε τη σαλάτα, ρίξτε την με αρκετό dressing για να την επικαλύψετε και κρατήστε την υπόλοιπη για την αυριανή σαλάτα.
- Πασπαλίστε τα φιστίκια Αιγίνης και είστε έτοιμοι.

63. Κίτρινη σαλάτα τεύτλων με τα αχλάδια

Φτιάχνει: 2 μερίδες

ΣΥΣΤΑΤΙΚΑ:
- 3 με 4 μέτρια κίτρινα παντζάρια
- 2 κουταλιές της σούπας λευκό βαλσάμικο
- 3 κουταλιές της σούπας vegan μαγιονέζα, σπιτική (βλέπε Vegan μαγιονέζα) ή αγορασμένη από το κατάστημα
- 3 κουταλιές της σούπας vegan sour cream, σπιτική (δείτε Tofu Sour Cream) ή αγορασμένη από το κατάστημα
- 1 κουταλιά της σούπας γάλα σόγιας
- 1 ½ κουταλιά της σούπας ψιλοκομμένο φρέσκο άνηθο
- 1 κουταλιά της σούπας κιμά ασκαλώνι
- ½ κουταλάκι του γλυκού αλάτι
- ¼ τσαγιού φρεσκοτριμμένο μαύρο πιπέρι
- 2 ώριμα αχλάδια Bosc
- Χυμό από 1 λεμόνι
- 1 μικρό κεφάλι κόκκινο φύλλο μαρουλιού, κομμένο σε κομμάτια μεγέθους μπουκιάς

ΟΔΗΓΊΕΣ:

a) Βράζετε στον ατμό τα παντζάρια μέχρι να μαλακώσουν, στη συνέχεια κρυώστε και ξεφλουδίστε τα. Κόβουμε τα παντζάρια σε σπιρτόξυλα και τα βάζουμε σε ένα ρηχό μπολ. Προσθέστε το ξύδι και ανακατέψτε να επικαλυφθεί. Αφήνω στην άκρη.

b) Σε ένα μικρό μπολ, συνδυάστε τη μαγιονέζα, την κρέμα γάλακτος, το γάλα σόγιας, τον άνηθο, το ασκαλώνιο, αλάτι και πιπέρι. Αφήνω στην άκρη.

c) Ψιλοκόψτε τα αχλάδια και κόψτε τα σε κύβους 1⁄4 ίντσας. Τοποθετήστε τα αχλάδια σε ένα μέτριο μπολ, προσθέστε το χυμό λεμονιού και ανακατέψτε απαλά να ενωθούν. Μοιράζουμε το μαρούλι σε 4 πιάτα σαλάτας και από πάνω ρίχνουμε με κουτάλι τα αχλάδια και τα παντζάρια. Περιχύστε το dressing πάνω από τη σαλάτα, πασπαλίστε με πεκάν και σερβίρετε.

64. Σαλάτα με παντζάρια και τόφου

Κάνει: 4 μερίδες

ΣΥΣΤΑΤΙΚΑ:
- 3 Παντζάρια? ξεφλουδισμένα Ή 5 μικρά παντζάρια
- 1 μικρό κρεμμύδι κόκκινων βερμούδων? κόβεται σε λεπτές ροδέλες και χωρίζεται
- 1 κιλό Σκληρό ή πολύ σκληρό τόφου. στραγγίζουμε και κόβουμε σε κύβους ½ ίντσας
- ¼ φλιτζάνι ξύδι από κόκκινο κρασί
- 2 κουταλιές της σούπας ξύδι βαλσάμικο
- ¼ φλιτζάνι ελαιόλαδο? ή λιγότερο για γεύση
- ½ κουταλάκι του γλυκού αποξηραμένη ρίγανη
- Αλατοπίπερο

ΟΔΗΓΙΕΣ:
a) Μαγειρέψτε τα παντζάρια μέχρι να μαλακώσουν όταν τα δοκιμάσετε με ένα πιρούνι: τα μεγάλα παντζάρια μπορεί να χρειαστούν 45 λεπτά για να βράσουν και να μαγειρευτούν.
b) Όταν κρυώσει αρκετά για να το χειριστείτε, κόψτε τα παντζάρια στη μέση και, στη συνέχεια, κόψτε κάθε μισό σε φέτες ¼ ιντσών. Τοποθετήστε σε ένα μπολ. Προσθέστε το dressing. Ανακατεύουμε απαλά να ενωθούν.
c) Γεύση για καρυκεύματα. Σερβίρετε αμέσως ή παγωμένο. Ανακατέψτε ξανά λίγο πριν το σερβίρετε.

65. [Σαλάτα με γκρέιπφρουτ, παντζάρι και μπλε τυρί](#)

Κάνει: 1 μερίδα

ΣΥΣΤΑΤΙΚΑ:
- ½ μάτσο κάρδαμο? χονδροειδείς μίσχοι απορρίπτονται
- 1 γκρέιπφρουτ
- 1 ουγγιά μπλε τυρί? κομμένο σε μικρές λεπτές φέτες
- 2 Παντζάρια καθαρισμένα μαγειρεμένα, τριμμένα χοντροκομμένα
- 4 κουταλάκια του γλυκού Εξαιρετικό παρθένο ελαιόλαδο
- 1 κουταλιά της σούπας ξύδι βαλσάμικο
- Χοντρό αλάτι για γεύση
- Χοντροτριμμένο πιπέρι για γεύση

ΟΔΗΓΙΕΣ:
a) Μοιράζουμε το κάρδαμο σε 2 πιάτα σαλάτας και από πάνω τακτοποιούμε διακοσμητικά κομμάτια γκρέιπφρουτ και τυρί.
b) Σε ένα μικρό μπολ ανακατεύουμε τα παντζάρια, 2 κουταλάκια του γλυκού λάδι και το ξύδι και τα μοιράζουμε σε σαλάτες.
c) Περιχύνουμε τις σαλάτες με το υπόλοιπο λάδι και αλατοπιπερώνουμε.

66. Red velvet πατατοσαλάτα

Κάνει: 4 μερίδες

ΣΥΣΤΑΤΙΚΑ:
- 1 κιλό μπλε πατάτες
- 200 γρ παντζάρια
- Αλας
- Πιπέρι
- 2 ματσάκι φρέσκα κρεμμυδάκια
- 250 γρ κρέμα γάλακτος
- 5 κουταλιές της σούπας ξύδι από λευκό κρασί
- 2 ματσάκι ραπανάκια
- ¼ κρεβάτι κάρδαμου
- ¼ Παντζάρι

ΟΔΗΓΙΕΣ:
a) Πλένουμε καλά τις πατάτες και τα παντζάρια και τα βράζουμε σε άφθονο αλατισμένο νερό για περίπου 15 λεπτά.
b) Πλένουμε τα φρέσκα κρεμμυδάκια, τα καθαρίζουμε και τα κόβουμε σε λεπτές λωρίδες.
c) Βάλτε τα φρέσκα κρεμμυδάκια σε παγωμένο νερό έτσι ώστε να τυλίγονται.
d) Ανακατεύουμε την κρέμα γάλακτος και το ξύδι — αλατοπιπερώνουμε.
e) Στραγγίζουμε τις πατάτες, τις βγάζουμε, τις ξεφλουδίζουμε και τις κόβουμε σε κύβους.
f) Ξεπλύνετε τα παντζάρια με κρύο νερό, ξεφλουδίστε και κόψτε σε λεπτές φέτες.
g) Πλένετε καλά τα ραπανάκια, καθαρίζετε και τρίβετε.
h) Ανακατεύουμε με το ντρέσινγκ πατάτες, παντζάρια, φρέσκα κρεμμυδάκια και ραπανάκια.
i) Τοποθετήστε σε μπολ. Πασπαλίζουμε με κάρδαμο.

67. Παντζαροσαλάτα με κατσικίσιο τυρί & καρύδια

Κάνει: 4

ΣΥΣΤΑΤΙΚΑ
2 κιλά μωρά παντζάρια (κόκκινα, κίτρινα και/ή Chioggia), κομμένα, μίσχοι και φύλλα κρατημένα
Εξτρα παρθένο ελαιόλαδο
Αλάτι kosher
½ φλιτζάνι κιμά ασκαλώνια (περίπου 2 μέτρια ασκαλώνια)
7 κουταλιές της σούπας ξύδι από κόκκινο κρασί
Φρεσκοτριμμένο μαύρο πιπέρι
8 ουγγιές φρέσκο μαλακό κατσικίσιο τυρί
3 κουταλιές της σούπας φρέσκο σχοινόπρασο κομμένο σε λεπτές φέτες
½ φλιτζάνι αλεύρι για όλες τις χρήσεις
2 μεγάλα αυγά
1 φλιτζάνι τριμμένη φρυγανιά panko
Σταφυλέλαιο ή άλλο φυτικό έλαιο
1 φλιτζάνι φρέσκο πλατύφυλλο μαϊντανό, χοντροκομμένο
½ φλιτζάνι καβουρδισμένα καρύδια, χοντροκομμένα

ΟΔΗΓΙΕΣ:
1. Ψήστε τα παντζάρια. Προθερμάνετε το φούρνο στους 450°F. Τοποθετήστε τα παντζάρια σε μια στρώση σε ένα ταψί 9 επί 13 ιντσών. Προσθέστε αρκετό νερό για να ανέβει στα μισά τα πλαϊνά των παντζαριών. Περιχύνουμε με ελαιόλαδο και αλατοπιπερώνουμε γενναιόδωρα. Σκεπάζουμε το ταψί με αλουμινόχαρτο και σφραγίζουμε καλά. Ψήνετε τα παντζάρια για 1 ώρα έως 1 ώρα και 15 λεπτά ή μέχρι να μαλακώσουν όταν τα τρυπήσετε με ένα πιρούνι.
2. Φτιάχνουμε τη μαρινάδα. Ενώ τα παντζάρια ψήνονται, σε ένα μέτριο μπολ, συνδυάστε ¼ φλιτζάνι ασκαλώνια, 6 κουταλιές της σούπας ξύδι από κόκκινο κρασί και ½ κουταλάκι του γλυκού αλάτι.
3. Καθαρίζουμε και μαρινάρουμε τα παντζάρια. Όταν τα παντζάρια κρυώσουν αρκετά για να τα χειριστείτε, αλλά είναι ακόμα ζεστά, χρησιμοποιήστε μια χαρτοπετσέτα για να τρίψετε απαλά το δέρμα τους. Κόβουμε τα παντζάρια στη μέση ή στα

τέταρτα και τα μεταφέρουμε σε ένα μεγάλο μπολ. Καρικέψτε με αλάτι και πιπέρι βάσει της γεύσης σας. Ρίξτε τη μαρινάδα πάνω από τα παντζάρια. πετάξει στο παλτό. Αφήνουμε να σταθούν για 30 λεπτά να μαριναριστούν.

4. Μαγειρέψτε τους μίσχους και τα φύλλα των τεύτλων. Κόψτε τα στελέχη τεύτλων σε κομμάτια 2 ιντσών. Τυλίξτε τα φύλλα σε ένα σφιχτό κούτσουρο και κόψτε υπό γωνία σε μακριές λωρίδες πλάτους 1 ίντσας. Σε ένα τηγάνι ζεσταίνουμε 1 κουταλιά της σούπας ελαιόλαδο σε μέτρια φωτιά μέχρι να ζεσταθεί. Προσθέστε τα κοτσάνια και αλατοπιπερώστε. Μαγειρέψτε, ανακατεύοντας περιστασιακά, για 3 έως 5 λεπτά, μέχρι να μαλακώσουν ελαφρώς. Προσθέτουμε τα φύλλα παντζαριού και αλατοπιπερώνουμε. Μαγειρέψτε, ανακατεύοντας περιστασιακά, για 2 έως 4 λεπτά, μέχρι να μαραθούν. Ανακατέψτε με την υπόλοιπη 1 κουταλιά της σούπας ξύδι από κόκκινο κρασί. Αποσύρουμε από τη φωτιά.

5. Πλάθουμε το κατσικίσιο τυρί στρογγυλά. Βγάζουμε το κατσικίσιο τυρί από το ψυγείο και το αφήνουμε σε θερμοκρασία δωματίου για περίπου 10 λεπτά, μέχρι να μαλακώσει ελαφρώς. Σε ένα μπολ, συνδυάστε το σχοινόπρασο, το υπόλοιπο ¼ φλιτζάνι ασκαλώνια και το κατσικίσιο τυρί. Καρυκεύστε με 1 κουταλάκι του γλυκού αλάτι και ½ κουταλάκι του γλυκού πιπέρι. Ανακατεύουμε μέχρι να ενωθούν καλά. Χρησιμοποιήστε τα χέρια σας για να σχηματίσετε τέσσερις ίσες μπάλες και, στη συνέχεια, ισιώστε προσεκτικά το καθένα σε έναν γύρο πάχους ¼ ίντσας. Μεταφέρετε τους γύρους σε ένα πιάτο.

6. Ψωμί το κατσικίσιο τυρί. Απλώνουμε το αλεύρι σε ένα ρηχό πιάτο και αλατοπιπερώνουμε. Σπάστε τα αυγά σε ένα ρηχό μπολ και χτυπήστε μέχρι να ομογενοποιηθούν. Απλώνουμε τη φρυγανιά σε ένα άλλο ρηχό πιάτο. Δουλεύοντας με ένα κάθε φορά, αλείφετε καλά το κατσικίσιο τυρί με το αλεύρι. αποφύγετε κάθε περίσσεια. Βουτήξτε και τις δύο πλευρές στα αυγά, αφήνοντας την περίσσεια να στάξει και μετά στην τριμμένη φρυγανιά. πιέστε για να βεβαιωθείτε ότι η τριμμένη φρυγανιά κολλάει. Μεταφέρετε τους γύρους σε ένα πιάτο και καλύψτε με

πλαστική μεμβράνη. βάζετε στο ψυγείο μέχρι λίγο πριν τηγανίσετε.

7. Τσιγαρίζουμε το κατσικίσιο τυρί. Λίγο πριν το σερβίρετε, αφαιρέστε τους γύρους κατσικίσιο τυρί από το ψυγείο. Στρώστε ένα πιάτο με χαρτί κουζίνας. Σε ένα μαντεμένιο τηγάνι ή σε ένα τηγάνι σοτάρετε μια λεπτή στρώση σταφυλέλαιου σε μέτρια προς υψηλή μέχρι να ζεσταθεί. Το λάδι είναι αρκετά ζεστό όταν τσιτσιρίζουν μερικές φρυγανιές αμέσως όταν προστίθενται στο τηγάνι. Προσθέστε τους γύρους κατσικίσιο τυρί. Μαγειρέψτε για 2 έως 4 λεπτά ανά πλευρά, μέχρι να ροδίσει και να γίνει τραγανό. Μεταφέρουμε στο πιάτο και αλατοπιπερώνουμε.

8. Τελειώστε και σερβίρετε τη σαλάτα. Προσθέστε το μαϊντανό και τα καρύδια στα ψητά παντζάρια. ανακατεύουμε να ενωθούν καλά. Χωρίστε τα χόρτα (φύλλα), τους μίσχους και τα ψητά παντζάρια στα πιάτα που σερβίρετε. Περιχύνουμε με ένα γύρο κατσικίσιο τυρί και σερβίρουμε.

ΠΛΕΥΡΕΣ

68. Ψητά λαχανικά ρίζας

Κάνει: 6 έως 8 μερίδες

ΣΥΣΤΑΤΙΚΑ:

- 3 κιλά παντζάρια κομμένα σε κύβους
- 1 μικρό κόκκινο κρεμμύδι
- ¼ φλιτζάνι λάδι καρύδας
- 1 ½ κουταλάκι του γλυκού αλάτι kosher
- ¼ κουταλάκι του γλυκού φρεσκοτριμμένο μαύρο πιπέρι
- 2 κουταλιές της σούπας φύλλα δεντρολίβανου, ψιλοκομμένα

ΟΔΗΓΙΕΣ:

a) Τοποθετήστε μια σχάρα στη μέση του φούρνου και θερμαίνετε το φούρνο στους 425°F.

b) Τοποθετήστε τα λαχανικά ρίζας και το κόκκινο κρεμμύδι σε ένα φύλλο ψησίματος με στεφάνη. Περιχύστε με ¼ φλιτζάνι λάδι καρύδας, πασπαλίστε με αλάτι kosher και μαύρο πιπέρι και ανακατέψτε να επικαλυφθεί ομοιόμορφα. Απλώστε σε ομοιόμορφη στρώση.

c) Ψήνουμε για 30 λεπτά.

d) Βγάζουμε το ταψί από το φούρνο, πασπαλίζουμε τα λαχανικά με το δεντρολίβανο και τα ανακατεύουμε να ενωθούν. Απλώστε ξανά σε ομοιόμορφη στρώση.

e) Συνεχίστε το ψήσιμο μέχρι τα λαχανικά να μαλακώσουν και να καραμελώσουν, 10 με 15 λεπτά ακόμα.

69. Παντζάρια στο grand Marnier

Κάνει: 6 μερίδες

ΣΥΣΤΑΤΙΚΑ:
- 6 Παντζάρια, τριμμένα και κομμένα
- 2 κουταλιές της σούπας Γλυκό βούτυρο
- 3 κουταλιές της σούπας Grand Marnier
- 1 κουταλάκι του γλυκού τριμμένη φλούδα πορτοκαλιού

ΟΔΗΓΙΕΣ:
a) Σε έναν ατμομάγειρα πάνω από νερό που σιγοβράζει, αχνίστε τα παντζάρια, σκεπασμένα, για 25 έως 35 λεπτά ή μέχρι να μαλακώσουν.
b) Ανανεώστε τα παντζάρια κάτω από κρύο νερό, ξεκολλήστε από τη φλούδα και κόψτε τα παντζάρια σε φέτες ⅜ ιντσών.
c) Σε ένα μεγάλο τηγάνι βράζουμε τα παντζάρια στο βούτυρο σε μέτρια φωτιά, ανακατεύοντας για 3 λεπτά.
d) Προσθέστε το Grand Marnier, τη φλούδα πορτοκαλιού και το αλάτι για γεύση. σιγοβράζουμε το μείγμα, σκεπασμένο, για 3 λεπτά.

70. Παντζάρια σε ξινή κρέμα

Κάνει: 4 μερίδες

ΣΥΣΤΑΤΙΚΑ:

- 16 ουγγιές Κονσέρβες παντζάρια, στραγγισμένα και κομμένα σε κύβους
- 1 κουταλιά της σούπας ξίδι μηλίτη
- ¼ κουταλάκι του γλυκού Κάθε σκόρδο αλάτι και πιπέρι
- ¼ φλιτζάνι κρέμα γάλακτος
- 1 κουταλάκι του γλυκού Ζάχαρη

ΟΔΗΓΙΕΣ:

a) Συνδυάστε όλα τα υλικά σε 1 τετράγωνο γυάλινη κατσαρόλα. Ανακατεύουμε απαλά να αναμειχθούν.

b) Φούρνο μικροκυμάτων, σκεπασμένο, 3-5 λεπτά σε υψηλή θερμοκρασία ή μέχρι να ζεσταθεί. Ανακατεύουμε κάθε 2 λεπτά.

c) Αφήνουμε να σταθεί σκεπασμένο για 2-3 λεπτά πριν σερβίρουμε.

71. Red velvet Παντζάρια Cranberry

Κάνει: 6 μερίδες

ΣΥΣΤΑΤΙΚΑ:

- 1 κουτί (16 oz.) τεύτλα κομμένα σε κύβους, στραγγισμένα
- 1 κουτί (16 oz.) ολόκληρα μούρα ή ζελέ σάλτσα cranberry
- 2 κουταλιές της σούπας χυμό πορτοκαλιού
- 1 κουταλάκι του γλυκού τριμμένη φλούδα πορτοκαλιού
- 1 παύλα Αλάτι

ΟΔΗΓΙΕΣ:

a) Συνδυάστε όλα τα υλικά σε μια κατσαρόλα. ζεσταίνουμε καλά, ανακατεύοντας κατά διαστήματα.

b) Σερβίρετε αμέσως. Νόστιμο με γαλοπούλα ή ζαμπόν.

72. Red velvet Μελιωμένα παντζάρια

Κάνει: 7 μερίδες

ΣΥΣΤΑΤΙΚΑ:

- 6 φλιτζάνια Νερό
- 1 κουταλιά της σούπας ξύδι
- 1 κουταλάκι του γλυκού Αλάτι
- 5 μέτρια παντζάρια
- 1 μέτριο κρεμμύδι, ψιλοκομμένο
- 2 κουταλιές της σούπας Μαργαρίνη
- 2 κουταλιές της σούπας μέλι
- 1 κουταλιά της σούπας χυμό λεμονιού
- ½ κουταλάκι του γλυκού Αλάτι
- ⅛ κουταλάκι του γλυκού Αλεσμένη κανέλα
- 1 κουταλιά της σούπας μαϊντανός, ψιλοκομμένος

ΟΔΗΓΙΕΣ:

a) Ζεσταίνουμε το νερό, το ξύδι και 1 κουταλάκι του γλυκού αλάτι μέχρι να βράσουν. Προσθέστε παντζάρια. Σιγοβράζουμε μέχρι να μαλακώσουν, 35 έως 45 λεπτά. διοχετεύω. Ρίξτε κρύο νερό πάνω από παντζάρια. γλιστρήστε από το δέρμα και αφαιρέστε τα άκρα της ρίζας. Κόψτε τα παντζάρια σε κομμάτια με κορδόνια.

b) Μαγειρέψτε και ανακατέψτε το κρεμμύδι σε μαργαρίνη σε ένα τηγάνι 10" σε μέτρια φωτιά μέχρι να μαλακώσει το κρεμμύδι για περίπου 5 λεπτά. Ανακατέψτε με παντζάρια, μέλι, χυμό λεμονιού, ½ κουταλάκι του γλυκού αλάτι και κανέλα.

c) Ζεσταίνουμε ανακατεύοντας κατά διαστήματα, μέχρι να ζεσταθούν τα παντζάρια, περίπου 5 λεπτά.

d) Πασπαλίζουμε με μαϊντανό.

73. Ψητά τεύτλα

Κάνει: 4

ΣΥΣΤΑΤΙΚΑ:
- 1 κιλό μέτρια φρέσκα παντζάρια, καθαρισμένα
- 1/2 κουταλάκι του γλυκού αλάτι kosher
- 8 κουταλάκια του γλυκού ζωμό λαχανικών
- 5 κλωναράκια φρέσκο δεντρολίβανο

ΟΔΗΓΙΕΣ:
a) Προθερμάνετε το φούρνο στους 400 °F.
b) Κόψτε κάθε παντζάρι σε φέτες ανάλογα με το πόσες μερίδες θέλετε. Ρίξτε μέσα το ζωμό λαχανικών και το αλάτι να καλυφθεί.
c) Σε ένα ταψί, τοποθετήστε ένα κομμάτι φύλλου βαρέως τύπου 12 ιντσών.
d) Αραδιάζουμε τα παντζάρια στο αλουμινόχαρτο και πασπαλίζουμε με δεντρολίβανο. Τυλίξτε τα παντζάρια σε αλουμινόχαρτο και κλείστε τα καλά.
e) Ψήνουμε για τουλάχιστον 1 ώρα ή μέχρι να μαλακώσουν οι πατάτες.
f) Αφήστε τον ατμό να διαφύγει ανοίγοντας προσεκτικά το αλουμινόχαρτο. Αφαιρούμε τα κλωνάρια δεντρολίβανου. Σερβίρετε και απολαμβάνετε!

ΕΠΙΔΟΡΠΙΟ

74. Cupcakes Red Velvet

Φτιάχνει: 24 Cupcakes

ΣΥΣΤΑΤΙΚΑ:
- 2 ασπράδια αυγών
- 2 φλιτζάνια red velvet μείγμα κέικ
- 1 φλιτζάνι μείγμα κέικ σοκολάτας
- ¼ φλιτζάνι βάμμα με έγχυση κάνναβης
- 1 σακουλάκι των 12 ουγκιών κομματάκια σοκολάτας
- 1 κουτάκι 12 ουγγιών λεμόνι-λάιμ σόδα
- 1 12 ουγκιά μπανιέρα κρέμα γάλακτος

ΟΔΗΓΙΕΣ:
a) Προθερμάνετε το φούρνο στους 350°F.
b) Στρώνουμε μια φόρμα για μάφινς με χάρτινα μπολ.
c) Συνδυάστε τα ασπράδια αυγών, τα μείγματα κέικ, το βάμμα, τα κομματάκια σοκολάτας και τη σόδα σε ένα μεγάλο μπολ ανάμειξης.
d) Ανακατεύουμε καλά μέχρι να σχηματιστεί μια λεία ζύμη.
e) Ρίχνουμε το κουρκούτι σε μπολάκια ψησίματος.
f) Ψήνουμε για 20 λεπτά.
g) Αφήστε τα cupcakes να κρυώσουν πριν τα παγώσετε.

75. Παγωμένο κέικ κόκκινο βελούδο

Κάνει: 6

ΣΥΣΤΑΤΙΚΑ:
ΚΕΪΚ
- 1 ½ φλιτζάνι Ζάχαρη
- 1 κουταλάκι του γλυκού μαγειρική σόδα
- ½ φλιτζάνι Crisco
- 1 κουταλάκι του γλυκού εκχύλισμα βανίλιας
- 1 φλιτζάνι Βουτυρόγαλα
- 2 ουγγιές κόκκινου χρωματισμού τροφίμων
- 2 ½ φλιτζάνι αλεύρι για κέικ
- 1 κουταλάκι του γλυκού Αλάτι
- 1 κουταλάκι του γλυκού ξύδι
- 3 κουταλάκια του γλυκού κακάο

ΠΛΑΣΟ #1
- 1 ραβδί βούτυρο
- 8 κουταλάκια του γλυκού Crisco
- 1 φλιτζάνι Ζάχαρη
- 3 κουταλάκια του γλυκού Αλεύρι
- ⅔ φλιτζάνια γάλα
- 1 κουταλάκι του γλυκού εκχύλισμα βανίλιας

ΠΛΑΣΟ #2
- 1 ραβδί βούτυρο
- 2 τυρί κρέμα
- 2 αυγα
- 1 Κουτί Power Sugar

ΟΔΗΓΙΕΣ:
a) Ανακατεύουμε όλα τα υλικά με το χέρι. Μη χρησιμοποιείτε ηλεκτρικό μίξερ.
b) Ψήνουμε στους 350 βαθμούς για 1 ώρα και 15 λεπτά.
c) Αφήστε το να κρυώσει για 30 λεπτά πριν το βγάλετε από το τηγάνι.

76. **Κέικ Red Velvet**

Κάνει: 10 -12 μερίδες

ΣΥΣΤΑΤΙΚΑ:
- 2 ½ φλιτζάνια αλεύρι για όλες τις χρήσεις
- 2 κουταλάκια του γλυκού σκόνη κακάο χωρίς ζάχαρη
- 1 κουταλάκι του γλυκού αλάτι kosher
- 1 κουταλάκι του γλυκού μαγειρική σόδα
- 2 αυγά, σε θερμοκρασία δωματίου
- 1 ½ φλιτζάνι κρυσταλλική ζάχαρη
- 1 ½ φλιτζάνι φυτικό λάδι
- 1 φλιτζάνι βουτυρόγαλα, σε θερμοκρασία δωματίου
- 1 ½ κουταλάκι του γλυκού εκχύλισμα βανίλιας
- 1 κουταλάκι του γλυκού αποσταγμένο λευκό ξύδι
- 1 ουγγιά κόκκινο χρώμα τροφίμων

ΓΙΑ ΤΟ FROSTING:
- 16 ουγγιές τυρί κρέμα, μαλακωμένο
- 1 φλιτζάνι ανάλατο βούτυρο, μαλακωμένο
- 8 φλιτζάνια ζάχαρη άχνη
- 1 κουταλιά της σούπας πλήρες γάλα
- 2 κουταλάκια του γλυκού εκχύλισμα βανίλιας

ΟΔΗΓΙΕΣ:

a) Προθερμάνετε το φούρνο στους 325 βαθμούς Φ. Ψεκάστε δύο φόρμες για κέικ 9 ιντσών με σπρέι ψησίματος ή λαδώστε τις και αλευρώστε τις.

b) Σε ένα μεγάλο μπολ ανακατεύουμε το αλεύρι, τη σκόνη κακάο, το αλάτι και τη σόδα και κοσκινίζουμε ή ανακατεύουμε.

c) Σε ένα μεσαίο μπολ ανοίγουμε τα αυγά και τα χτυπάμε με ένα σύρμα. Ρίχνουμε στο μπολ τη ζάχαρη, το λάδι, το βουτυρόγαλα και τη βανίλια και ανακατεύουμε χρησιμοποιώντας ένα μίξερ χειρός σε χαμηλή ταχύτητα μέχρι να γίνουν όλα ωραία και κρεμώδη.

d) Συνδυάστε σιγά σιγά τα υγρά υλικά με τα ξηρά υλικά στο μεγάλο μπολ.

e) Προσθέστε το ξύδι και την κόκκινη χρωστική τροφίμων. Διπλώστε μέχρι να κοκκινίσει όλη η ζύμη του κέικ και να μην υπάρχουν ραβδώσεις.

f) Ρίξτε ίση ποσότητα ζύμης για κέικ σε κάθε φόρμα για κέικ. Ανακινήστε και χτυπήστε τα τηγάνια για να απελευθερωθούν τυχόν φυσαλίδες αέρα και, στη συνέχεια, αφήστε το να καθίσει για 5 λεπτά. Ψήστε τα κέικ για 25 με 30 λεπτά. Αφαιρέστε τα κέικ από τις φόρμες του κέικ και τοποθετήστε τα σε σχάρες ψύξης.

g) Όσο κρυώνουν τα κέικ, φτιάχνουμε το frosting. Σε ένα μεγάλο μπολ ανακατεύουμε το τυρί κρέμα και το βούτυρο.

h) Χτυπάμε τα δύο υλικά μαζί χρησιμοποιώντας ένα μίξερ χειρός και μετά προσθέτουμε σιγά σιγά τη ζάχαρη άχνη 1 φλιτζάνι τη φορά.

i) Προσθέτουμε το γάλα και τη βανίλια και ανακατεύουμε μέχρι το γλάσο να γίνει ωραίο και κρεμώδες. Μόλις κρυώσουν τελείως τα κέικ, τα παγώνετε.

77. Παγωτό κόκκινο βελούδο

Κάνει: 1 Πίντα

ΣΥΣΤΑΤΙΚΑ:
- 1 φύλλο ζελατίνης
- 1 φλιτζάνι γάλα
- ½ μερίδα σάλτσας Fudge
- 50 g κομμάτια κέικ σοκολάτας
- 35 γρ κακάο σε σκόνη
- 2 κουταλιές της σούπας ζάχαρη
- 1 κουταλιά της σούπας γλυκόζη
- 1 κουταλιά της σούπας αποσταγμένο λευκό ξύδι
- 1 κουταλιά της σούπας βουτυρόγαλα
- 2 κουταλάκια του γλυκού κόκκινη χρωστική τροφίμων
- 1 κουταλάκι του γλυκού αλάτι kosher

ΟΔΗΓΙΕΣ:
a) Ανθίστε τη ζελατίνη.
b) Ζεσταίνουμε λίγο από το γάλα και ρίχνουμε τη ζελατίνη να διαλυθεί.
c) Μεταφέρετε το μείγμα ζελατίνης σε ένα μπλέντερ, προσθέστε το υπόλοιπο γάλα, τη σάλτσα fudge, το κέικ σοκολάτας, τη σκόνη κακάο, τη ζάχαρη, τη γλυκόζη, το ξίδι, το βουτυρόγαλα, τη χρωστική τροφίμων και το αλάτι και πολτοποιήστε μέχρι να ομογενοποιηθούν και να ομογενοποιηθούν.
d) Ρίξτε το μείγμα μέσα από ένα λεπτό κόσκινο στην παγωτομηχανή σας και παγώστε σύμφωνα με τις οδηγίες του κατασκευαστή.

78. Μπισκότα Red Velvet σοκολάτας

Φτιάχνει: 21 μπισκότα

ΣΥΣΤΑΤΙΚΑ
- 1 ½ φλιτζάνι αλεύρι για όλες τις χρήσεις
- ¼ φλιτζανιού κακάο σε σκόνη
- 1 κουταλάκι του γλυκού μαγειρική σόδα
- ¼ κουταλάκι του γλυκού θαλασσινό αλάτι
- ½ φλιτζάνι ανάλατο βούτυρο, σε θερμοκρασία δωματίου
- ½ φλιτζάνι καστανή ζάχαρη
- ½ φλιτζάνι
- 1 αυγό σε θερμοκρασία δωματίου
- 1 κουταλιά της σούπας γάλα/βουτυρόγαλα/φυσικό γιαούρτι
- 2 κουταλάκια του γλυκού εκχύλισμα βανίλιας
- ½ κουταλάκι του γλυκού κόκκινη χρωστική τζελ τροφίμων
- 1 φλιτζάνι κομματάκια λευκής ή μαύρης σοκολάτας

ΟΔΗΓΙΕΣ:
a) Σε ένα μεγάλο μπολ ανακατεύουμε το αλεύρι, τη σκόνη κακάο, τη σόδα και το αλάτι μαζί και αφήνουμε στην άκρη.
b) Χρησιμοποιώντας ένα μίξερ χειρός ή μίξερ, χτυπήστε το βούτυρο, την καστανή ζάχαρη και την κρυσταλλική ζάχαρη σε δυνατή ταχύτητα μέχρι να γίνουν κρέμα για περίπου 1-2 λεπτά.
c) Στη συνέχεια, προσθέστε το αυγό, το γάλα, το εκχύλισμα βανίλιας και τη χρωστική τροφίμων και στη συνέχεια χτυπήστε μέχρι να ενωθούν καλά και μετά σβήστε το μίξερ.
d) Προσθέστε τα ξηρά υλικά στα υγρά.
e) Ανάβουμε το μίξερ σε χαμηλή ταχύτητα και χτυπάμε αργά μέχρι να γίνει μια πολύ μαλακή ζύμη.
f) Σε περίπτωση που χρειαστεί να προσθέσετε περισσότερο χρώμα τροφίμων, μη διστάσετε να το κάνετε σε αυτό το σημείο.
g) Τέλος, προσθέτουμε τα κομματάκια σοκολάτας και τα χτυπάμε.
h) Καλύψτε τη ζύμη με πλαστική μεμβράνη και αφήστε τη να κρυώσει στο ψυγείο για τουλάχιστον 2 ώρες ή όλη τη νύχτα.

i) Αφού κρυώσει, αφήστε τη ζύμη να μείνει σε θερμοκρασία δωματίου για τουλάχιστον 15 λεπτά πριν την πλάσετε σε μπαλάκια και την ψήσετε γιατί η ζύμη θα έχει σκληρύνει.

j) Προθερμάνετε το φούρνο σας στους 180°C.

k) Στρώνουμε δύο μεγάλα ταψιά με λαδόκολλα ή ταψάκια σιλικόνης. Αφήνω στην άκρη.

l) Χρησιμοποιώντας μια κουταλιά της σούπας, αφαιρέστε ένα σωρό από τη ζύμη μπισκότων και τυλίξτε τη σε μια μπάλα.

m) Τα απλώνουμε σε ταψιά στρωμένα με λαδόκολλα και τα ψήνουμε για 11-13 λεπτά.

n) Ψήστε σε παρτίδες.

o) Προσθέστε μερικά ακόμα κομματάκια σοκολάτας πάνω από τα ζεστά μπισκότα.

79. Βάφλα παγωτού Red Velvet

Φτιάχνει: 8 σάντουιτς

ΣΥΣΤΑΤΙΚΑ:
- 1¾ φλιτζάνι αλεύρι για όλες τις χρήσεις
- ¼ φλιτζάνι κακάο χωρίς ζάχαρη
- 1 κουταλάκι του γλυκού μαγειρική σόδα
- 1 κουταλάκι του γλυκού αλάτι
- 1 φλιτζάνι λάδι κανόλας
- 1 φλιτζάνι κρυσταλλική ζάχαρη
- 1 μεγάλο αυγό
- 3 κουταλιές της σούπας κόκκινη χρωστική τροφίμων
- 1 κουταλάκι του γλυκού καθαρό εκχύλισμα βανίλιας
- 1 ½ κουταλάκι του γλυκού αποσταγμένο λευκό ξύδι
- ½ φλιτζάνι βουτυρόγαλα
- Αντικολλητικό μαγειρικό σπρέι
- 1 ½ λίτρο παγωτό βανίλια
- 2 φλιτζάνια ημίγλυκα τσιπς σοκολάτας

ΟΔΗΓΙΕΣ:
a) Προθερμάνετε το σίδερο για βάφλες σε μέτρια.
b) Σε ένα μεσαίου μεγέθους μπολ, χτυπήστε μαζί το αλεύρι, το κακάο, τη σόδα και το αλάτι. Αφήνω στην άκρη.
c) Στο μπολ του μίξερ ή με ένα ηλεκτρικό μίξερ χειρός σε ένα μεγάλο μπολ, χτυπήστε το λάδι και τη ζάχαρη σε μέτρια ταχύτητα μέχρι να αναμειχθούν καλά. Χτυπάμε το αυγό. Χαμηλώνουμε το μίξερ στο χαμηλό και προσθέτουμε σιγά σιγά τη χρωστική τροφίμων και τη βανίλια.
d) Ανακατεύουμε το ξύδι και το βουτυρόγαλα. Προσθέστε το μισό από αυτό το μείγμα βουτυρόγαλου στο μεγάλο μπολ με το λάδι, τη ζάχαρη και το αυγό. Ανακατεύουμε να ενωθούν και μετά προσθέτουμε το μισό μείγμα αλευριού.
e) Ξύστε το μπολ και ανακατέψτε μόνο τόσο ώστε να βεβαιωθείτε ότι δεν υπάρχει αναμεμειγμένο αλεύρι.

f) Προσθέστε το υπόλοιπο μείγμα με το βουτυρόγαλα, ανακατέψτε να ομογενοποιηθεί και στη συνέχεια προσθέστε το τελευταίο μείγμα με το αλεύρι.
g) Ανακατεύουμε ξανά, ίσα-ίσα για να βεβαιωθούμε ότι δεν έχει ανακατευτεί αλεύρι.
h) Καλύψτε και τις δύο πλευρές της σχάρας με αντικολλητικό σπρέι. Ρίξτε αρκετή ζύμη στο σίδερο για βάφλες, ώστε να καλύψει το πλέγμα, κλείστε το καπάκι και μαγειρέψτε μέχρι οι βάφλες να σφίξουν αρκετά για να τις αφαιρέσετε από το σίδερο για βάφλες, για 4 λεπτά.
i) Αφήστε τις βάφλες να κρυώσουν ελαφρώς σε μια σχάρα. Χρησιμοποιήστε ένα ψαλίδι κουζίνας ή ένα κοφτερό μαχαίρι για να χωρίσετε τις βάφλες σε τμήματα.
j) Επαναλάβετε για να κάνετε συνολικά 16 τμήματα.
k) Όσο κρυώνουν τα κομμάτια της βάφλας, βάλτε το παγωτό στον πάγκο να μαλακώσει για 10 λεπτά.
l) Αφού μαλακώσει το παγωτό, απλώστε τα μισά από τα τμήματα της βάφλας και χρησιμοποιήστε μια σπάτουλα για να απλώσετε παγωτό πάχους περίπου 1 ίντσας σε καθένα από αυτά.
m) Συμπληρώστε τα υπόλοιπα τμήματα για να φτιάξετε 8 σάντουιτς. Ξύστε τυχόν υπερχείλιση παγωτού με μια λαστιχένια σπάτουλα για να καθαρίσετε τις άκρες.
n) Στη συνέχεια, βυθίστε τις άκρες του παγωτού σε ένα μπολ ή ένα ρηχό πιάτο γεμάτο με μίνι κομματάκια σοκολάτας.
o) Τυλίξτε κάθε σάντουιτς σφιχτά σε πλαστική μεμβράνη, τοποθετήστε το σε μια σακούλα με φερμουάρ και βάλτε τη σακούλα στην κατάψυξη για τουλάχιστον 1 ώρα για να σκληρύνει το παγωτό.
p) Αφαιρέστε ένα σάντουιτς λίγα λεπτά πριν το σερβίρετε για να μαλακώσει ελαφρώς.

80. Red Velvet Mini Cheesecakes

Φτιάχνει: 22-24 τυροπιτάκια

ΣΥΣΤΑΤΙΚΑ
ΣΤΡΩΣΗ ΚΟΥΚΙΟΥ ΚΟΚΚΙΝΟ ΒΕΛΟΥΔΙ
- 1 και ½ φλιτζάνι + 1 κουταλιά της σούπας αλεύρι για όλες τις χρήσεις
- ¼ φλιτζάνι σκόνη κακάο χωρίς ζάχαρη
- 1 κουταλάκι του γλυκού μαγειρική σόδα
- ¼ κουταλάκι του γλυκού αλάτι
- ½ φλιτζάνι ανάλατο βούτυρο μαλακωμένο σε θερμοκρασία δωματίου
- ¾ φλιτζάνι συσκευασμένη ανοιχτή ή σκούρα καστανή ζάχαρη
- ¼ φλιτζάνι κρυσταλλική ζάχαρη
- 1 αυγό, σε θερμοκρασία δωματίου
- 1 κουταλιά της σούπας γάλα
- 2 κουταλάκια του γλυκού καθαρό εκχύλισμα βανίλιας
- 1 κουταλιά της σούπας κόκκινη χρωστική τροφίμων

ΣΤΡΩΣΗ ΤΥΡΟΚΕΪΚ
- 12 ουγγιές τυρί κρέμα, μαλακωμένο σε θερμοκρασία δωματίου
- 2 κουταλιές της σούπας γιαούρτι
- ⅓ φλιτζάνι κρυσταλλική ζάχαρη
- 1 μεγάλο αυγό, σε θερμοκρασία δωματίου
- 1 κουταλάκι του γλυκού καθαρό εκχύλισμα βανίλιας
- ½ φλιτζάνι μίνι ή κανονικά ημίγλυκα κομματάκια σοκολάτας

ΟΔΗΓΙΕΣ:

a) Προθερμάνετε το φούρνο στους 350°F.

b) Στρώστε δύο ταψιά για μάφιν 12 θέσεων με επένδυση για cupcake. Αφήνω στην άκρη.

c) Φτιάξτε το κόκκινο βελούδινο στρώμα μπισκότων: ρίξτε το αλεύρι, τη σκόνη κακάο, τη σόδα και το αλάτι μαζί σε ένα μεγάλο μπολ. Αφήνω στην άκρη.

d) Χρησιμοποιώντας ένα μίξερ χειρός ή ένα μίξερ με εξάρτημα κουπιών, χτυπήστε το βούτυρο σε υψηλή ταχύτητα μέχρι να γίνει κρέμα, περίπου 1 λεπτό.

e) Ξύστε τα πλαϊνά και τον πάτο του μπολ όπως χρειάζεται.

f) Βάζουμε το μίξερ σε μέτρια ταχύτητα και χτυπάμε την καστανή ζάχαρη και την κρυσταλλική ζάχαρη μέχρι να ενωθούν.

g) Χτυπάμε το αυγό, το γάλα και το εκχύλισμα βανίλιας, ξύνοντας τις πλευρές και τον πάτο του μπολ όσο χρειάζεται.

h) Μόλις ανακατευτούν, προσθέτουμε τη χρωστική τροφίμων και χτυπάμε μέχρι να ομογενοποιηθούν.

i) Κλείνουμε το μίξερ και ρίχνουμε τα στεγνά υλικά στα υγρά υλικά. Ανάβουμε το μίξερ στο χαμηλό και χτυπάμε σιγά σιγά μέχρι να γίνει μια πολύ μαλακή ζύμη.

j) Χτυπήστε σε περισσότερες χρωστικές τροφίμων αν θέλετε η ζύμη να είναι πιο κόκκινη. Η ζύμη θα είναι κολλώδης.

k) Πιέστε 1 λίγη κουταλιά της σούπας ζύμη μπισκότων στο κάτω μέρος κάθε επένδυσης για cupcake. Λέω «λιγοστές» γιατί αλλιώς δεν θα φτάσετε να φτιάξετε 22-24 μίνι τυροπιτάκια. Ψήστε κάθε παρτίδα για 8 λεπτά για να προψηθεί η κρούστα πριν στρώσετε το cheesecake από πάνω.

l) Φτιάξτε τη στρώση cheesecake: χρησιμοποιώντας ένα μίξερ χειρός ή ένα μίξερ με εξάρτημα κουπιών, χτυπήστε το τυρί κρέμα σε μέτρια προς υψηλή θερμοκρασία μέχρι να γίνει εντελώς λείο.

m) Προσθέστε το γιαούρτι και τη ζάχαρη, χτυπώντας σε δυνατή φωτιά μέχρι να ενωθούν.

n) Προσθέστε το αυγό και τη βανίλια και χτυπήστε σε μέτρια ποσότητα μέχρι να ενωθούν.

o) Διπλώστε απαλά τα κομματάκια σοκολάτας. Κουκλίτσα 1 κουταλιά της σούπας κουρκούτι για cheesecake πάνω από το προψημένο μπισκότο, απλώνοντάς το για να βεβαιωθείτε ότι καλύπτει πλήρως το μπισκότο.

p) Ξαναβάζουμε τα μίνι τυροπιτάκια στο φούρνο και συνεχίζουμε το ψήσιμο για περίπου 20 λεπτά ακόμα.

q) Καλύψτε τα φλιτζάνια με αλουμινόχαρτο εάν οι κορυφές γίνονται πολύ νωρίς καφέ.

r) Αφήνουμε να κρυώσει για 30 λεπτά στον πάγκο και μετά στο ψυγείο να δέσει για άλλη 1,5 ώρα.

s) Τα φλιτζάνια μπισκότων παραμένουν φρέσκα και καλυμμένα σε θερμοκρασία δωματίου για 12-24 ώρες και μετά πρέπει να διατηρηθούν στο ψυγείο για έως και 3 ακόμη ημέρες.

81. Μάφινς με τυρί Red Velvet Cream

Κάνει: 12 muffins

ΣΥΣΤΑΤΙΚΑ
ΚΑΛΥΜΜΑ ΤΡΟΥΜΠ
- ½ φλιτζάνι κρυσταλλική ζάχαρη
- ¼ φλιτζάνι αλεύρι για όλες τις χρήσεις
- 2 κουταλιές της σούπας ανάλατο βούτυρο

ΜΕΙΓΜΑ ΤΥΡΙΟΥ ΚΡΕΜΑ
- 4 ουγγιές τυρί κρέμα μαλακωμένο
- ¼ φλιτζάνι κρυσταλλική ζάχαρη
- ½ κουταλάκι του γλυκού εκχύλισμα βανίλιας

MUFFINS
- 1 ¼ φλιτζάνι αλεύρι για όλες τις χρήσεις
- ½ φλιτζάνι κρυσταλλική ζάχαρη
- 2 κουταλάκια του γλυκού μπέικιν πάουντερ
- ½ κουταλάκι του γλυκού αλάτι
- 1 μεγάλο αυγό
- ½ φλιτζάνι φυτικό λάδι
- ⅓ φλιτζάνι γάλα
- 2 κουταλιές της σούπας σκόνη κακάο χωρίς ζάχαρη
- 2 κουταλάκια του γλυκού κόκκινη χρωστική τροφίμων

ΟΔΗΓΙΕΣ

a) Προθερμάνετε το φούρνο στους 375° F.

b) Ετοιμάζουμε το ταψί για μάφινς στρώνοντάς το με επένδυση ή ψεκάζοντάς το με αντικολλητικό μαγειρικό σπρέι.

ΚΑΛΥΜΜΑ ΤΡΟΥΜΠ

c) Σε ένα μεσαίο μπολ προσθέτουμε το αλεύρι, τη ζάχαρη και το βούτυρο. Με ένα πιρούνι κόβουμε το βούτυρο μέχρι να έχουμε χοντρά ψίχουλα.

ΜΕΙΓΜΑ ΤΥΡΙΟΥ ΚΡΕΜΑ

d) Σε ένα άλλο μπολ, κρέμα μαζί το τυρί κρέμα, τη ζάχαρη και τη βανίλια μέχρι να ομογενοποιηθούν.

MUFFINS

e) Στον κάδο του μίξερ προσθέτουμε το αλεύρι, το μπέικιν πάουντερ και το αλάτι και χτυπάμε να ενωθούν.

f) Προσθέστε το αυγό, το λάδι, το γάλα, τη σκόνη κακάο και την κόκκινη χρωστική τροφίμων και ανακατέψτε μέχρι να ενσωματωθούν.

g) Διπλώστε το μείγμα του τυριού κρέμα στη ζύμη για μάφινς, προσέχοντας να μην ανακατευτείτε υπερβολικά.

h) Ρίξτε τη ζύμη σε έτοιμα μάφιν, γεμίζοντας το καθένα περίπου ⅔ γεμάτο.

i) Πασπαλίστε ομοιόμορφα την επικάλυψη με ψίχα πάνω από κάθε μάφιν.

j) Ψήστε στους 375° F για 17-19 λεπτά ή μέχρι να βγει καθαρή η οδοντογλυφίδα που έχετε τοποθετήσει στο κέντρο.

k) Αφήστε τα muffins να κρυώσουν στο τηγάνι για περίπου 10 λεπτά και μετά μεταφερέτέ τα σε μια σχάρα για να κρυώσουν εντελώς.

82. Τάρτα Red Velvet Raspberry

Κάνει: 12 μερίδες

ΣΥΣΤΑΤΙΚΑ
- 1 φύλλο ζύμης για πίτα στο ψυγείο
- 1 μεγάλο ασπράδι αβγού, ελαφρά χτυπημένο
- ¼ φλιτζάνι μαρμελάδα βατόμουρο χωρίς κουκούτσια
- ⅔ φλιτζάνι βούτυρο μαλακωμένο
- ¾ φλιτζάνι ζάχαρη
- 3 μεγάλα αυγά
- 1 μεγάλο κρόκο αυγού
- 1 κουταλιά της σούπας κακάο ψησίματος
- 2 κουταλάκια του γλυκού κόκκινη πάστα χρωστική τροφίμων
- 1 φλιτζάνι αλεσμένα αμύγδαλα
- Γλάσο

ΟΔΗΓΙΕΣ

a) Προθερμαίνουμε τον φούρνο στους 350°. Ξετυλίξτε το φύλλο ζύμης σε 9 ιντσών. φόρμα τάρτας με αφαιρούμενο πάτο. κόψτε ακόμα και με το χείλος. Παγώνουμε για 10 λεπτά.

b) Στρώστε τη ζύμη με φύλλο διπλού πάχους. Γεμίστε με βάρη πίτας, ξερά φασόλια ή άψητο ρύζι. Ψήνουμε για 12-15 λεπτά ή μέχρι να ροδίσουν οι άκρες.

c) Αφαιρέστε το φύλλο και τα βάρη. αλείψτε το κάτω μέρος της κρούστας με ασπράδι αυγού. Ψήνουμε για 6-8 λεπτά περισσότερο ή μέχρι να ροδίσουν. Ψύξτε σε μια σχάρα.

d) Απλώνουμε τη μαρμελάδα στον πάτο της κρούστας. Σε ένα μπολ ρίχνουμε το βούτυρο κρέμα και τη ζάχαρη μέχρι να αφρατέψουν. Χτυπάμε σταδιακά τα αυγά, τον κρόκο αυγού, το κακάο και τη χρωστική τροφίμων. Διπλώνουμε τα αλεσμένα αμύγδαλα. Απλώνουμε πάνω από μαρμελάδα.

e) Ψήνουμε για 30-35 λεπτά ή μέχρι να δέσει η γέμιση. Ψύξτε εντελώς σε μια σχάρα.

f) Σε ένα μικρό μπολ, ανακατέψτε τη ζάχαρη ζαχαροπλαστικής και το νερό και εκχυλίστε μέχρι να ομογενοποιηθούν. ψιλόβροχο ή σωλήνα πάνω από την τάρτα. Βάλτε τα υπολείμματα στο ψυγείο.

83. Σουφλέ Red Velvet

Κάνει: 6 μερίδες

ΣΥΣΤΑΤΙΚΑ
- 1 κουταλιά της σούπας βούτυρο
- 3 κουταλιές της σούπας κρυσταλλική ζάχαρη
- 4 ουγγιές γλυκόπικρη μπάρα ψησίματος σοκολάτας, ψιλοκομμένη
- 5 μεγάλα αυγά χωρισμένα
- ⅓ φλιτζάνι κρυσταλλική ζάχαρη
- 3 κουταλιές της σούπας γάλα
- 1 κουταλιά της σούπας κόκκινη υγρή βαφή τροφίμων
- 1 κουταλάκι του γλυκού εκχύλισμα βανίλιας
- Πρέζα αλάτι
- 2 κουταλιές της σούπας κρυσταλλική ζάχαρη
- Ζάχαρη άχνη
- Ξινή κρέμα σαντιγί

ΟΔΗΓΙΕΣ

k) Προθερμαίνουμε τον φούρνο στους 350°.

l) Αλείφουμε τον πάτο και τις πλευρές των ραμεκινών με βούτυρο.

m) Καλύψτε ελαφρά με 3 κουταλιές της σούπας ζάχαρη, ανακινώντας την περίσσεια. Τοποθετήστε σε ένα ταψί.

n) Ψήστε τη σοκολάτα μικροκυμάτων σε ένα μεγάλο μπολ κατάλληλο για φούρνο μικροκυμάτων στο HIGH για 1 λεπτό έως 1 λεπτό και 15 δευτερόλεπτα ή μέχρι να λιώσει, ανακατεύοντας ανά διαστήματα 30 δευτερολέπτων.

o) Προσθέστε 4 κρόκους αυγών, ⅓ φλιτζάνι ζάχαρη και τα επόμενα 3 υλικά.

p) Χτυπάμε 5 ασπράδια αυγών και το αλάτι σε δυνατή ταχύτητα με ένα ηλεκτρικό μίξερ βαρέως τύπου μέχρι να αφρατέψουν.

q) Προσθέστε σταδιακά 2 κουταλιές της σούπας ζάχαρη, χτυπώντας μέχρι να σχηματιστούν σφιχτές κορυφές.

r) Διπλώστε το μείγμα του ασπράδιου αυγού στο μείγμα σοκολάτας, το ένα τρίτο κάθε φορά.

s) Ρίξτε ένα κουτάλι σε έτοιμα ραμεκινάκια.

t) Περάστε την άκρη του αντίχειρά σας γύρω από τις άκρες των ραμεκινών, σκουπίζοντας και δημιουργώντας μια ρηχή εσοχή γύρω από τις άκρες του μείγματος.

u) Ψήνουμε στους 350° για 20 με 24 λεπτά ή μέχρι να φουσκώσουν και να δέσουν τα σουφλέ.

v) Πασπαλίζουμε με ζάχαρη άχνη. σερβίρετε αμέσως με σαντιγί.

84. Μους Cheesecake Red Velvet

Κάνει: 3

ΣΥΣΤΑΤΙΚΑ
- 6 ουγγιές Κρέμα τυρί μαλακωμένο σε στυλ μπλοκ
- ½ φλιτζάνι βαριά κρέμα
- 2 κουταλιές της σούπας κρέμα γάλακτος γεμάτη λιπαρά
- ⅓ φλιτζάνι Γλυκαντικό σε σκόνη χαμηλών υδατανθράκων
- 1 ½ κουταλάκι του γλυκού εκχύλισμα βανίλιας
- 1 ½ κουταλάκι του γλυκού κακάο σε σκόνη
- ½ κουταλάκι του γλυκού έως 1 κουταλάκι του γλυκού Φυσικό κόκκινο χρώμα τροφίμων ανάλογα με το αν θέλετε ένα κόκκινο χρώμα αντί για ροζ
- Κρέμα σαντιγί Heavy ζαχαρούχο με σταγόνες στέβια
- Τριμμένη σοκολάτα κετο σοκολάτας χωρίς ζάχαρη

ΟΔΗΓΙΕΣ
a) Σε ένα μεγάλο μπολ ανάμειξης με ηλεκτρικό μίξερ χειρός ή μίξερ, προσθέστε μαλακό τυρί κρέμα, κρέμα γάλακτος, κρέμα γάλακτος, γλυκαντικό σε σκόνη και εκχύλισμα βανίλιας.
b) 6 ουγγιές κρέμα τυριού σε στυλ μπλοκ, ½ φλιτζάνι κρέμα γάλακτος, ⅓ φλιτζάνι γλυκαντικό σε σκόνη χαμηλών υδατανθράκων, 1 ½ κουταλάκι του γλυκού εκχύλισμα βανίλιας, 2 κουταλιές της σούπας κρέμα γάλακτος
c) Ανακατεύουμε σε χαμηλή φωτιά για ένα λεπτό και μετά σε μέτρια για λίγα λεπτά μέχρι να γίνει παχύρρευστο, κρεμώδες και να ενωθεί καλά.
d) Προσθέστε τη σκόνη κακάο και ανακατέψτε σε υψηλή θερμοκρασία μέχρι να ομογενοποιηθεί, ξύνοντας την πλευρά με μια λαστιχένια ξύστρα για να ανακατευτεί καλά.
e) 1 ½ κουταλάκι του γλυκού κακάο σε σκόνη
f) Προσθέστε το κόκκινο χρώμα τροφίμων και ανακατέψτε μέχρι να ομογενοποιηθεί ή να γίνει η υφή της πουτίγκας.
g) ½ κουταλάκι του γλυκού έως 1 κουταλάκι του γλυκού Φυσικό Κόκκινο Χρώμα Τροφίμων

h) Ρίξτε με κουτάλι ή χρησιμοποιήστε μια σακούλα ζαχαροπλαστικής για να ρίξετε τη μους σε ένα μικρό ποτήρι γλυκού ή μπολ.
i) Γαρνίρετε με μια κούκλα σαντιγί χωρίς ζάχαρη και λίγη προαιρετικά τριμμένη σοκολάτα χωρίς ζάχαρη. Σερβίρισμα
j) Σαντιγί Heavy Cream γλυκαντική με σταγόνες στέβια, τρίμματα σοκολάτας χωρίς ζάχαρη

85. Red Velvet-Berry Cobbler

Κάνει: 6 έως 8 μερίδες

ΣΥΣΤΑΤΙΚΑ
- 1 κουταλιά της σούπας άμυλο καλαμποκιού
- 1 ¼ φλιτζάνι ζάχαρη, χωρισμένη
- 6 φλιτζάνια ανάμεικτα φρέσκα μούρα
- ½ φλιτζάνι βούτυρο μαλακωμένο
- 2 μεγάλα αυγά
- 2 κουταλιές της σούπας κόκκινη υγρή βαφή τροφίμων
- 1 κουταλάκι του γλυκού εκχύλισμα βανίλιας
- 1 ¼ φλιτζάνι αλεύρι για όλες τις χρήσεις
- 1 ½ κουταλιά της σούπας κακάο χωρίς ζάχαρη
- ¼ κουταλάκι του γλυκού αλάτι
- ½ φλιτζάνι βουτυρόγαλα
- 1 ½ κουταλάκι του γλυκού λευκό ξύδι
- ½ κουταλάκι του γλυκού μαγειρική σόδα

ΟΔΗΓΙΕΣ

a) Προθερμαίνουμε τον φούρνο στους 350°. Ανακατεύουμε μαζί το άμυλο καλαμποκιού και ½ φλιτζάνι ζάχαρη.

b) Ρίξτε τα μούρα με το μείγμα αμύλου αραβοσίτου και ρίξτε το με κουτάλι σε ένα ελαφρώς λαδωμένο ταψί 11 x 7 ιντσών.

c) Χτυπάμε το βούτυρο σε μέτρια ταχύτητα με ηλεκτρικό μίξερ μέχρι να αφρατέψει. Προσθέστε σταδιακά τα υπόλοιπα ¾ φλιτζάνι ζάχαρη, χτυπώντας καλά.

d) Προσθέστε τα αυγά, 1 κάθε φορά, χτυπώντας μέχρι να ομογενοποιηθούν μετά από κάθε προσθήκη.

e) Ανακατεύουμε με κόκκινο χρώμα τροφίμων και βανίλια μέχρι να ομογενοποιηθούν.

f) Ανακατεύουμε το αλεύρι, το κακάο και το αλάτι. Ανακατέψτε μαζί το βουτυρόγαλα, το ξύδι και τη μαγειρική σόδα σε ένα κύπελλο μέτρησης υγρού 2 φλ.

g) Προσθέστε το μείγμα αλευριού στο μείγμα βουτύρου εναλλάξ με το μείγμα βουτυρόγαλου, ξεκινώντας και τελειώνοντας με το μείγμα αλευριού.

h) Χτυπάμε σε χαμηλή ταχύτητα μέχρι να ομογενοποιηθούν μετά από κάθε προσθήκη.

i) Κουτάλι με κουτάλι πάνω από το μείγμα μούρων.

j) Ψήνετε στους 350° για 45 έως 50 λεπτά ή μέχρι να βγει καθαρή μια ξύλινη λαβή στο κέντρο της επικάλυψης του κέικ. Ψύξτε σε μια σχάρα για 10 λεπτά.

86. Κέικ φρούτων κόκκινο βελούδο

Φτιάχνει: 3 μερίδες

ΣΥΣΤΑΤΙΚΑ
- 200 γραμμάρια Maida
- 220 γραμμάρια ζάχαρη άχνη
- 1 κουταλιά της σούπας κακάο σε σκόνη
- 150 ml Φυτικό λάδι
- 250 ml Βουτυρόγαλα
- 1 κουταλάκι του γλυκού Baking Powder
- ½ κουταλάκι του γλυκού μαγειρική σόδα
- ¼ κουταλάκι του γλυκού Αλάτι
- ½ κουταλάκι του γλυκού ξύδι
- 1 κουταλιά της σούπας Essence βανίλιας
- ½ φλιτζάνι βαριά κρέμα

ΓΙΑ ΓΑΡΝΙΡΙΣΜΑ:
- Τέχνη σοκολάτας
- Ακτινίδιο και σταφύλια
- Μέλι
- Sweet Gems

ΟΔΗΓΙΕΣ

a) Σε ένα μπολ προσθέτουμε όλα τα ξηρά υλικά που αναφέραμε παραπάνω και τα κοσκινίζουμε για να μην σβήσει.
b) Τώρα, προσθέστε το βουτυρόγαλα, το φυτικό έλαιο, την ουσία βανίλιας και την πάστα παντζαριών και ανακατέψτε καλά για να γίνει ένα λείο κουρκούτι.
c) Τέλος προσθέτουμε το ξύδι και ανακατεύουμε καλά.
d) Πάρτε 1 φόρμα για κέικ 6 ιντσών και φόρμα για μάφιν αλείψτε τα με λάδι και πασπαλίστε τα χρησιμοποιώντας Maida,
e) ρίξτε το κουρκούτι εξίσου μέσα τους.
f) Προθερμαίνουμε το φούρνο μικροκυμάτων στους 180°C για 10 λεπτά. Τα ψήνουμε σε προθερμασμένο φούρνο μικροκυμάτων για 20-25 λεπτά ή μέχρι να γίνουν ανάλογα με τον κάθε φούρνο μικροκυμάτων.
g) Χτυπάμε την παχύρρευστη κρέμα για 3-4 λεπτά και την αφήνουμε να παγώσει.
h) Κόψτε το ακτινίδιο και τα σταφύλια.
i) Αφού ψηθεί, το αφήνουμε να κρυώσει και το ξεφορμάρουμε.
j) Απλώστε τη σαντιγί και στα δύο κέικ και διακοσμήστε τα με πολύτιμους λίθους, σοκολάτα, ψιλοκομμένα φρούτα και τέλος μέλι.

87. Μπισκότο Red Velvet

Κάνει: 10 μερίδες

ΣΥΣΤΑΤΙΚΑ:
- 2 φλιτζάνια αλεύρι που φουσκώνει μόνο του
- ½ κουταλάκι του γλυκού κρέμα ταρτάρ
- ⅛ κουταλάκια του γλυκού αλάτι
- 1 κουταλιά της σούπας σκόνη κακάο χωρίς ζάχαρη
- 2 κουταλιές της σούπας κρυσταλλική ζάχαρη
- ¾ φλιτζάνι βουτυρόγαλα κρύο
- ½ φλιτζάνι κρύο ανάλατο βούτυρο τριμμένο
- ¼ φλιτζάνι λίτρο λαχανικών με γεύση βούτυρο
- 1 κουταλάκι του γλυκού εκχύλισμα βανίλιας
- ½ ουγγιά κόκκινη χρωστική τροφίμων

ΟΔΗΓΙΕΣ:
a) Συνδυάστε το αλεύρι που φουσκώνει μόνο του, το αλάτι, τη σκόνη κακάο, τη ζάχαρη και την κρέμα ταρτάρ, σε ένα μεγάλο μπολ.
b) Κοσκινίζουμε ή ανακατεύουμε τα υλικά μέχρι να ενωθούν καλά.
c) Προσθέστε όλα τα ξηρά συστατικά στον κάδο του μίξερ.
d) Προσθέστε το βούτυρο, το λίπος, το βουτυρόγαλα και τη βαφή τροφίμων.
e) Ανάβουμε το μίξερ και αφήνουμε τα υλικά να αναμειχθούν σε μέτρια ταχύτητα, μέχρι να γίνει κόκκινη ζύμη.
f) Μόλις σχηματιστεί η ζύμη, ισιώστε την σε μια ελαφρώς αλευρωμένη επίπεδη επιφάνεια χρησιμοποιώντας έναν πλάστη.
g) Κόψτε τα μπισκότα χρησιμοποιώντας ένα καπάκι κονσερβοποίησης, ένα κόφτη μπισκότων ή ένα κουπάτ μπισκότων.
h) Τοποθετήστε τα μπισκότα σε ένα ταψί.
i) Ψήστε τα μπισκότα στους 400 F, για 12-15 λεπτά.
j) Μόλις γίνουν, αλείψτε ή τρίψτε με βούτυρο πάνω από τα μπισκότα όσο είναι ακόμα ζεστά.

88. Red Velvet Macarons

Φτιάχνει: 18 μακαρόν

ΣΥΣΤΑΤΙΚΑ
- ½ φλιτζάνι + 2 κουταλιές της σούπας αλεύρι ψιλό αμύγδαλο, ασπρισμένο
- ½ φλιτζάνι ζάχαρη άχνη
- 1 κουταλάκι του γλυκού σκόνη κακάο χωρίς ζάχαρη
- 2 μεγάλα ασπράδια αυγών
- πρέζα κρέμα ταρτάρ
- ¼ φλιτζάνι + 1 κουταλάκι του γλυκού κρυσταλλική ζάχαρη
- κόκκινο τζελ χρώμα τροφίμων
- Κρέμα Τυριού Πάγωμα

ΟΔΗΓΙΕΣ
a) Κοσκινίζουμε το αλεύρι αμυγδάλου, τη ζάχαρη άχνη και τη σκόνη κακάο χωρίς ζάχαρη σε ένα μεγάλο μπολ και τα αφήνουμε στην άκρη.
b) Προσθέστε τα ασπράδια στον κάδο του μίξερ με ένα σύρμα και ανακατέψτε σε μέτρια ταχύτητα μέχρι να καλυφθεί η επιφάνεια των ασπράδιων σε μικρές φυσαλίδες.
c) Προσθέστε μια πρέζα κρέμα ταρτάρ και συνεχίστε να ανακατεύετε μέχρι να φτάσετε στο μαλακό στάδιο κορυφής.
d) Στη συνέχεια, προσθέστε σταδιακά την κρυσταλλική ζάχαρη και ανακατέψτε σε μέτρια ταχύτητα για 30 δευτερόλεπτα. Αυξήστε την ταχύτητα ανάμειξης σε μέτρια προς υψηλή ταχύτητα. Συνεχίστε να ανακατεύετε μέχρι να σχηματιστούν σκληρές, γυαλιστερές κορυφές.
e) Προσθέστε σε αυτό το σημείο το κόκκινο τζελ χρώμα τροφίμων. Θα αναμιχθεί στο επόμενο βήμα.
f) Προσθέστε τα ξηρά υλικά στη μαρέγκα και διπλώστε μαζί με κυκλικές κινήσεις μέχρι να τρέξει μια χοντρή κορδέλα από το κουρκούτι από τη σπάτουλα σε συνεχή ροή όταν την ανασηκώσετε.
g) Ρίξτε το κουρκούτι σε μια μεγάλη σακούλα σωληνώσεων με μεσαίου μεγέθους στρογγυλή άκρη σωληνώσεων και σωλήνα 1 ¼

ίντσας γύρω από τα προετοιμασμένα φύλλα ψησίματος, με απόσταση περίπου 1 ίντσας μεταξύ τους.

h) Χτυπήστε τα τηγάνια δυνατά στον πάγκο μερικές φορές για να απελευθερωθούν οι φυσαλίδες αέρα και, στη συνέχεια, σκάξτε τις υπόλοιπες φυσαλίδες αέρα που έρχονται στην επιφάνεια με μια οδοντογλυφίδα ή γραφίδα.

i) Αφήστε τα μακαρόν να ξεκουραστούν για 30 λεπτά ή μέχρι να αποκτήσουν φλούδα.

j) Όσο ξεκουράζονται τα μακαρόν, προθερμάνετε το φούρνο στους 315 F / 157 C.

k) Ψήστε ένα ταψί με τα μακαρόν στη μεσαία σχάρα του φούρνου σας για 15-18 λεπτά και περιστρέψτε το ταψί μέχρι τη μέση.

l) Βγάζετε από το φούρνο και αφήνετε τα μακαρόν να κρυώσουν στο τηγάνι, για περίπου 15 λεπτά, και στη συνέχεια τα αφαιρείτε απαλά από την ψάθα.

m) Συνδυάστε τα κοχύλια και στη συνέχεια με σωλήνωση μια κούκλα τυρί κρέμα στρώνοντας ένα κέλυφος μακαρόν. Πιέστε απαλά ένα δεύτερο κέλυφος πάνω από το frosting για να δημιουργήσετε ένα σάντουιτς.

n) Αν θέλετε, περιχύστε με λίγη λευκή σοκολάτα και ψιλοκόψτε δύο κελύφη μακαρόν για να τα χρησιμοποιήσετε ως γαρνιτούρα.

o) Τοποθετήστε τα έτοιμα μακαρόν σε ένα αεροστεγές δοχείο και βάλτε τα στο ψυγείο για μια νύχτα, μετά αφήστε τα να ζεσταθούν σε θερμοκρασία δωματίου και απολαύστε τα!

89. Red Velvet Ice Box Pie

Κάνει: 8 τεμάχια

ΣΥΣΤΑΤΙΚΑ
- 2 φλιτζάνια θρυμματισμένα μπισκότα γκοφρέτας σοκολάτας ή κράκερ σοκολάτας Graham
- ½ φλιτζάνι βούτυρο λιωμένο
- ¼ φλιτζάνι κρυσταλλική ζάχαρη
- Συσκευασία 12,2 ουγκιών μπισκότα Red Velvet Oreo
- 8 ουγγιές τυρί κρέμα, μαλακωμένο
- Κουτί 3,4 ουγκιών μείγμα στιγμιαίας πουτίγκας cheesecake
- 2 φλιτζάνια πλήρες γάλα ή μισό και μισό
- 8 ουγγιές παγωμένη σαντιγί

ΟΔΗΓΙΕΣ
a) Προθερμάνετε το φούρνο στους 375°F. Πασπαλίστε ελαφρά ένα πιάτο για πιάτα 9 ιντσών με μαγειρικό σπρέι.
b) Σε ένα μικρό μπολ ανακατεύουμε τα τρίμματα μπισκότου, το βούτυρο και τη ζάχαρη. Ανακατεύουμε καλά και στη συνέχεια πιέζουμε στον πάτο και τις πλευρές του πιάτου της πίτας. Ψήνουμε για 15 λεπτά ή μέχρι να δέσει. Ψύξτε τελείως.
c) Κρατήστε 5 ολόκληρα μπισκότα για γαρνίρισμα και βάλτε τα υπόλοιπα σε μια επανασφραγιζόμενη πλαστική σακούλα.
d) Θρυμματίζουμε τα μπισκότα. Αφήνω στην άκρη.
e) Σε ένα μεσαίου μεγέθους μπολ ανάμειξης χρησιμοποιήστε ένα μίξερ για να κάνετε κρέμα μαζί το τυρί κρέμα, το μείγμα πουτίγκας και το γάλα. Χτυπάμε για 2-3 λεπτά ή μέχρι να γίνει κρεμώδες, αφράτο και λείο.
f) Διπλώστε τη χτυπημένη επικάλυψη και τα θρυμματισμένα μπισκότα στη γέμιση με το χέρι. Απλώνουμε στην κρυωμένη κρούστα.
g) Διακοσμούμε την κορυφή με την υπόλοιπη σαντιγί και ολόκληρα μπισκότα κατά βούληση.
h) Ψύξτε για τουλάχιστον 4 ώρες πριν το σερβίρετε.

90. Κόκκινο βελούδινο κέικ παντζαριού

Κάνει: 10 μερίδες

ΣΥΣΤΑΤΙΚΑ:
- 1 φλιτζάνι λάδι Crisco
- ½ φλιτζάνι βούτυρο, λιωμένο
- 3 αυγά
- 2 κούπες ζάχαρη
- 2½ φλιτζάνι αλεύρι
- 2 κουταλάκια του γλυκού κανέλα
- 2 κουταλάκια του γλυκού μαγειρική σόδα
- 1 κουταλάκι του γλυκού αλάτι
- 2 κουταλάκια του γλυκού βανίλια
- 1 φλιτζάνι παντζάρια Χάρβαρντ
- ½ φλιτζάνι κρέμα τυρί κότατζ
- 1 φλιτζάνι θρυμματισμένος ανανάς, στραγγισμένος
- 1 φλιτζάνι καρύδια ψιλοκομμένα
- ½ φλιτζάνι καρύδα

ΟΔΗΓΙΕΣ:

a) Ανακατεύουμε το λάδι, το βούτυρο, τα αυγά και τη ζάχαρη.

b) Προσθέστε το αλεύρι, την κανέλα, τη σόδα και το αλάτι.

c) Προσθέστε βανίλια, παντζάρια, τυρί cottage, ανανά, ξηρούς καρπούς και καρύδα.

d) Ρίξτε σε ένα ταψί 9x13 ιντσών.

e) Ψήνουμε στους 350 για 40-45 λεπτά. Σερβίρουμε με σαντιγί.

91. Γκρατέν παντζαριού

Κάνει: 4 μερίδες

ΣΥΣΤΑΤΙΚΑ:

- 4 φλιτζάνια Παντζάρια κομμένα σε φέτες (κόκκινα και κίτρινα), κομμένα σε φέτες πάχους ½ ίντσας
- 1 φλιτζάνι κρεμμύδια σε λεπτές φέτες
- 2 φλιτζάνια καρυκευμένη ψίχα ψωμιού
- 3 κουταλιές της σούπας Βούτυρο
- Ελαιόλαδο, για το ράντισμα
- Παρμεζάνα, για πασπάλισμα
- Καρύκευμα κρεόλ, για πασπάλισμα
- Αλάτι και άσπρο πιπέρι

ΟΔΗΓΙΕΣ:

a) Προθερμάνετε το φούρνο στους 375 βαθμούς Φ. Σε ένα βουτυρωμένο γκρατέν ή ένα βαρύ ταψί, στρώστε παντζάρια, κρεμμύδια και τη μισή ψίχα ψωμιού με βούτυρο και αλατοπιπερώστε κάθε στρώση με ελαιόλαδο, τυρί παρμεζάνα, καρυκεύματα κρεόλ και αλάτι και πιπέρι, να δοκιμάσω.
b) Ολοκληρώστε με μια στρώση με ψίχα ψωμιού από πάνω. Ψήνουμε σκεπασμένο για 45 λεπτά. Ξεσκεπάζουμε και συνεχίζουμε το ψήσιμο για 15 λεπτά ακόμη ή μέχρι να ροδίσει και να αφρατέψει η κορυφή. Σερβίρετε απευθείας από το πιάτο.

92. Σουφλέ πράσινου παντζαριού

Φτιάχνει: 1 σουφλέ

ΣΥΣΤΑΤΙΚΑ:
- 3 κουταλιές της σούπας τυρί παρμεζάνα? τριμμένο
- 2 μεσαία Παντζάρια? μαγειρεμένο και ξεφλουδισμένο
- 2 κουταλιές της σούπας Βούτυρο
- 2 κουταλιές της σούπας Αλεύρι
- ¾ φλιτζάνι ζωμός κοτόπουλου? ζεστό
- 1 φλιτζάνι πράσινα παντζάρια? σοταρισμένο
- ½ φλιτζάνι τυρί τσένταρ? τριμμένο
- 3 κρόκοι αυγών
- 4 ασπράδια αυγών

ΟΔΗΓΙΕΣ:
a) Βουτυρώνουμε 1 τετ. πιάτο σουφλέ? πασπαλίζουμε με παρμεζάνα. Κόβουμε τα ψημένα παντζάρια και στρώνουμε με αυτά τον πάτο του σουφλέ.
b) Σε μια μικρή κατσαρόλα λιώνουμε το βούτυρο, ανακατεύουμε το αλεύρι, προσθέτουμε τον ζεστό ζωμό και συνεχίζουμε το μαγείρεμα μέχρι να πήξει ελαφρώς και μετά μεταφέρουμε σε μεγαλύτερο μπολ. Χοντροκόβουμε τα πράσινα παντζάρια και τα προσθέτουμε στη σάλτσα μαζί με το τυρί Cheddar.
c) Σε ένα ξεχωριστό μπολ, χτυπήστε τους κρόκους αυγών. ανακατέψτε τα με μείγμα πράσινου παντζαριού. Χτυπάμε τα ασπράδια μέχρι να γίνουν κορυφές. Διπλώστε σε ένα μπολ με άλλα υλικά. ανακατεύουμε καλά. Τα μεταφέρουμε όλα σε ένα βουτυρωμένο πιάτο σουφλέ. Πασπαλίζουμε με παρμεζάνα.
d) Ψήνουμε στους 350 F. για 30 λεπτά, ή μέχρι να φουσκώσει και να ροδίσει το σουφλέ.

93. Μους από παντζάρι κόκκινο βελούδο

Κάνει: 1 μερίδα

ΣΥΣΤΑΤΙΚΑ:
- 3 μεσαία Παντζάρια? Μαγειρεμένα στο δέρμα τους
- 2½ φλιτζάνι ζωμός κοτόπουλου
- 2 συσκευασίες ζελατίνη χωρίς γεύση
- 1 φλιτζάνι γιαούρτι χωρίς γεύση
- 2 κουταλιές της σούπας χυμό λεμονιού ή λάιμ
- 1 μικρό κρεμμύδι τριμμένο
- 1 κουταλιά της σούπας Ζάχαρη
- 1 κουταλιά της σούπας μουστάρδα
- Αλατοπίπερο; να δοκιμάσω

ΟΔΗΓΙΕΣ:
a) Ξεφλουδίστε και ψημένα σε κύβους παντζάρια.
b) Βάζουμε τη ζελατίνη σε ένα μπολ με 6 Τ νερό και ανακατεύουμε. Αφήστε να σταθεί για 2 λεπτά και ρίξτε ζεστό ζωμό κοτόπουλου ανακατεύοντας.
c) Επεξεργάζεστε μαζί όλα τα υλικά εκτός από τη ζελατίνη. Σωστό καρύκευμα.
d) Προσθέστε κρύα ζελατίνη και ανακατέψτε.
e) Αδειάζουμε σε λαδωμένη φόρμα να δέσει το 6. Ξεφορμάρουμε και σερβίρουμε στο κέντρο του πιάτου περιτριγυρισμένο από σαλάτα κοτόπουλου ή γαριδοσαλάτα

94. Ψωμί από παντζάρια

Κάνει: 1 μερίδα

ΣΥΣΤΑΤΙΚΑ:
- ¾ φλιτζάνι Βραχυντικό
- 1 φλιτζάνι Ζάχαρη
- 4 Αυγά
- 2 κουταλάκια του γλυκού Βανίλια
- 2 φλιτζάνια Παντζάρια ψιλοκομμένα
- 3 φλιτζάνια Αλεύρι
- 2 κουταλάκια του γλυκού Μπέικιν πάουντερ
- 1 κουταλάκι του γλυκού μαγειρική σόδα
- ½ κουταλάκι του γλυκού κανέλα
- ¼ κουταλάκι του γλυκού αλεσμένο μοσχοκάρυδο
- 1 φλιτζάνι καρύδια ψιλοκομμένα

ΟΔΗΓΙΕΣ:
a) Χτυπάμε το κοντέινερ και τη ζάχαρη μέχρι να αφρατέψουν. Ανακατέψτε τα αυγά και τη βανίλια. Ανακατεύουμε με παντζάρια.
b) Προσθέστε συνδυασμένα ξηρά συστατικά. Ανακατέψτε καλά. Ανακατεύουμε με ξηρούς καρπούς.
c) Αδειάζουμε σε λαδωμένο και αλευρωμένο ταψί 9x5".
d) Ψήνουμε στους 350'F. για 60-70 λεπτά ή μέχρι να βγει καθαρή η ξύλινη οδοντογλυφίδα που μπήκε στο κέντρο.
e) Ψύξτε για 10 λεπτά. αφαιρέστε από το τηγάνι.

ΚΟΚΤΕΙΛ ΚΑΙ SMOOTHIES

95. Red Velvet Cake Martini

Κάνει: 2

ΣΥΣΤΑΤΙΚΑ:
- 2 ουγγιές κέικ βότκα
- 1-ουγγιά Creme de Cacao
- ½ ουγγιά βότκα βανίλιας
- ½ ουγγιά σαντιγί βότκα
- ¼ ουγγιάς Aperol
- ½ ουγγιά γρεναδίνη
- ¼ κουταλάκι του γλυκού ζάχαρη άχνη

ΟΔΗΓΙΕΣ:
a) Μετρήστε τη βότκα για κέικ, το Crème de Cacao, τη βότκα βανίλιας, τη σαντιγί, το Aperol, τη γρεναδίνη, τη ζάχαρη άχνη και τον πάγο σε ένα σέικερ για κοκτέιλ.
b) Ανακινήστε μέχρι να αναμειχθούν καλά.
c) Σούρωσε ομοιόμορφα στα δύο ποτήρια.
d) Σερβίρισμα.

96. Μοκτέιλ μοχίτο κόκκινο βελούδο

Κάνει: 5

ΣΥΣΤΑΤΙΚΑ:
- 1 φλιτζάνι βραστό νερό
- 5 κουταλάκια του γλυκού Red Velvet χαλαρά φύλλα τσαγιού
- 5 φύλλα μέντας
- 2 κουταλιές της σούπας νέκταρ αγαύης
- 4 κουταλιές της σούπας φρέσκο χυμό λάιμ
- 3 φλιτζάνια ανθρακούχο νερό
- Ρούμι Bacardi

ΟΔΗΓΙΕΣ:
a) Ρίξτε το τσάι σε 200 ml βρασμένο νερό για πέντε λεπτά.
b) Αφαιρέστε το φακελάκι τσαγιού ή στραγγίστε το αν είναι χαλαρό και βάλτε το στο ψυγείο να κρυώσει.
c) Συνδυάστε όλα τα υλικά. Σερβίρουμε πάνω από πάγο και γαρνίρουμε με μέντα και λάιμ.

97. Κοκτέιλ σοκολάτας Red Velvet

Φτιάχνει: 1 Κοκτέιλ

ΣΥΣΤΑΤΙΚΑ:
- ¼ φλιτζάνι λικέρ λευκής σοκολάτας
- 1½ ουγγιά βότκα
- 1 ουγγιά Γρεναδίνη
- ½ φλιτζάνι Γάλα
- κρέμα τυριού frosting για το τελείωμα του ποτηριού σας
- κόκκινους ψεκασμούς για το χείλος του ποτηριού

ΟΔΗΓΙΕΣ:
a) Περιχύνετε το ποτήρι με κρέμα τυριού frosting και το καλύπτετε με κόκκινα sprinkles ή red velvet cake crumbles.
b) Προσθέστε πάγο σε ένα σέικερ για κοκτέιλ.
c) Προσθέστε όλα τα υλικά στο σέικερ και ανακινήστε καλά.
d) Μόλις ανακατευτεί, ρίξτε το περιεχόμενο του σέικερ σε ένα ποτήρι.
e) Σερβίρετε και απολαμβάνετε!

98. Κοκτέιλ Red Velvet Shortcake

Κάνει: 1 μερίδα

ΣΥΣΤΑΤΙΚΑ:
- 2 μεγάλες φράουλες, ξεφλουδισμένες και κομμένες σε φέτες
- 1 ½ ουγγιά Red Velvet Vodka
- 1 πιτσιλιά χυμό λεμονιού
- 3 έως 5 ουγγιές κρέμα σόδας, για γεύση
- Φρέσκια φράουλα, για γαρνίρισμα

ΟΔΗΓΙΕΣ:
a) Σε ένα σέικερ για κοκτέιλ, προσθέστε τις φέτες φράουλας. Ανακατέψτε καλά.

b) Προσθέστε τη βότκα και το χυμό λεμονιού. Γεμίστε το σέικερ με πάγο και ανακινήστε καλά.

c) Σουρώστε σε ένα παγωμένο ποτήρι highball γεμάτο με φρέσκο πάγο.

d) Από πάνω με σόδα.

e) Γαρνίρουμε με μια φράουλα. Σερβίρουμε και απολαμβάνουμε.

99. Red Velvet Smoothie

Κάνει: 2

ΣΥΣΤΑΤΙΚΑ:
- 1 φλιτζάνι κατεψυγμένο μάνγκο ή 2 μπανάνες
- 1 μικρό παντζάρι, μαγειρεμένο και ξεφλουδισμένο
- 3 κουταλιές της σούπας κακάο σε σκόνη
- 1,5 φλιτζάνι γάλα επιλογής ή κατά βούληση
- 3 χουρμάδες, χωρίς κουκούτσι

ΟΔΗΓΙΕΣ:
a) Προσθέστε όλα τα υλικά στο μπλέντερ σας. Ανακατεύουμε μέχρι να ομογενοποιηθούν.

b) Γεύση. Προσθέστε περισσότερους χουρμάδες ή μάνγκο για την επιθυμητή γλυκύτητα.

c) Προσθέστε περισσότερο γάλα για την επιθυμητή συνοχή. Ανακατέψτε ξανά και απολαύστε αμέσως.

100. Κόκκινο Βελούδινο Smoothie μπανάνας παντζάρι

Κάνει: 1

ΣΥΣΤΑΤΙΚΑ
- 1 παγωμένη μπανάνα
- 1 φλιτζάνι γάλα αμυγδάλου
- 1 φλιτζάνι κατεψυγμένα μούρα
- ½ παντζάρι, μαγειρεμένο και ξεφλουδισμένο
- 2 κουταλιές της σούπας κακάο σε σκόνη
- 1 κουταλιά της σούπας σιρόπι σφενδάμου/ζάχαρη καρύδας

ΟΔΗΓΙΕΣ
a) Προσθέστε υλικά Προσθέστε όλα τα υλικά στο μπλέντερ.

b) Ανακατέψτε τα πάντα μέχρι να ομογενοποιηθούν, ρίξτε τα σε ένα ποτήρι και απολαύστε!

ΣΥΜΠΕΡΑΣΜΑ

Το κόκκινο βελούδο ονομάζεται έτσι επειδή έχει μια βελούδινη ή λεία υφή. Μια καλή συνταγή κέικ κόκκινου βελούδου απαιτεί συγκεκριμένες ποσότητες κακάο, βουτυρόγαλα και λευκό ξύδι, που του δίνουν μια πολύ μοναδική γεύση, δεν είναι απλώς μια συνηθισμένη συνταγή με χρωστικές τροφίμων. Επίσης, το αρχικό red velvet φτιάχτηκε με παγωτό βρασμένου γάλακτος, όχι με το βαρύ και υπερβολικά γλυκό παγωμένο κρέμα τυριού που χρησιμοποιείται συνήθως τώρα. Το γλάσο με βρασμένο γάλα είναι σαν διασταύρωση σαντιγί και βουτυρόκρεμα και ένα καλοφτιαγμένο κόκκινο βελούδινο κέικ έχει μια λεπτή και θεϊκή γεύση και υφή.

Δοκιμάστε αυτές τις συνταγές εμπνευσμένες από το κόκκινο βελούδο σήμερα. Είναι βέβαιο ότι θα κάνουν κάθε τραπέζι να λάμψει και είναι ένας τόσο εύκολος τρόπος να εντυπωσιάσετε.

Ingram Content Group UK Ltd.
Milton Keynes UK
UKHW020612120623
423287UK00008B/30